한심한 영혼아,
너는 굶주렸지만 포도주를 마시고 고기와 빵을 먹는 대신에
흰 종이를 꺼내서 '포도주, 고기, 빵'이라고 써넣고는
그 종이를 먹는구나.

— 니코스 카잔차키스

이 세상을 다녀가는 것 가운데 바람 아닌 것이 있으랴

이 세상을 다녀가는 것 가운데
바람 아닌 것이 있으랴

—

한승원

황금나침반

슬픈 신화를 간직한 가시연꽃

장흥 안양 저수지 일만오천 평에서 자생하는 가시연꽃의 성숙한 잎은 직경이 2미터쯤 된다.
잎사귀 표면, 꽃대, 꽃껍질에 가시가 돋아 있다. 자주색 꽃이 반개하는데 생체리듬은
수련과 비슷하고, 콩알만한 붉은 씨를 객혈하듯 토해낸다.

가시복

나는 전생에 한 마리 가시복이었으리라

배고픈 자에게
껌의 단물은 더 고통스럽다

입이 작아서
늘 헛배 불러 있는 아귀

추워도 서로의 살을 비비며 체온을 나눌 수 없어
해류 속을 돌진하는
내부에마저 바늘 같은 가시가 돋아나
늘 장 출혈로 빈혈증을 앓는 나는
전생에 한 마리 가시복이었으리라

내 영혼에 새겨진 옹이와 무늬와 결, 그리고 …

젊은 시절, 죽어 다시 태어나 무당으로 한생을 살고 싶다고 말한 적이 있다. 주체할 수 없는 광기를 모두 불태우고 싶다는 속내를 드러낸 말이었을 터이다.

작가와 무당은 사는 모양새가 흡사하다. 무당이 신 내림으로 말미암아 무병을 앓는다면, 작가는 우주의 기 내림으로 인해서 앓는다. 무당은 내림굿을 받음으로써 신의 말(공수)을 토해낼 수 있는 입이 열리게 되고, 작가는 오롯한 작품 생산의 고통스러운 통과의례를 거쳐야 세상을 향해 우주의 율동(진리)을 쏟아내는 영혼을 장착하게 된다.

나는 밤마다 은밀하게 손바닥 한복판을 피눈물 흘리며 바늘 끝으로 쪼아 새로운 운명선을 만들어가듯 작가로서의 길을 열어왔다. 아직 나는 평지에 나서지 못했으므로, 이 몸이 살아 있는 한 그 작업은 계속될 것이다.

이 책에는 내가 글 무당이 되기까지의 역정이 담겨 있고, 글 무당이 된 다음 어떤 굿판을 벌이고 살아왔는가 하는 것을 털어놓는 고백서이다.

젊고 고우면서도 매우 지적인 한 신딸을 만난 적이 있다. 시와 소설과 고전들을 읽었을 뿐 아니라 차와 선의 세계[禪定]에 빠져들곤 하여 얼굴에 다신(茶神)처럼 향 맑은 그늘이 서려 있는 그녀는 자기 신산의 운명을 즐기고 있었다. 자기에게 신기(神氣)의 피를 물려준 신들린 어머니와 좋은 내림굿을 해줌으로써 신과 소통하는 눈과 입과 귀가 열리게 해준 신어머니를 고마워하고, 소명에 따라 사는 그녀의 처지를 이해하여 주는 남편을 진실로 고마워하는 그녀. 스스로의 아픈 고독은 혼자서 산과 강과 들을 헤매며 노래하고 춤추면서 풀고, 가슴에 모신 신에게 응석을 부리기도 하고 그 신의 투정을 가슴에 품어 녹여주기도 하는 그녀. 영매를 통해 한 맺힌 사람들의 한풀이 해주는 것을 즐기고, 제 갈 길을 찾지 못하고 방황하다가 찾아온 사람들에게 앞날의 희망을 예언해주고 그들이 밝은 얼굴로 돌아가는 뒷모습을 보고 기뻐하는 그녀. 그녀는 그 즐거움을 맛보기 위하여 한사코 스스로의 영혼을 더욱 깨끗하고 맑고 향기롭게 가꾸려 한다.

그녀가 그러하듯, 나도 내 영혼을 맑고 깨끗하게 가꾸고 예술적인 영매라는 큰 수레[大乘]에 독자들을 가득 태우고 향 맑은 아름다움의 세계 속으로 날아가고 싶다.

이 책은 나의 여느 시집이나 소설집들과 달리 모든 표현의 기교나 장치들을 다 벗어던져버린 알몸 그 자체이다.

나의 영혼이 실오라기 하나도 걸치지 않고 거리에 나서고 있는 것이다. 이 책을 만들기 위하여 원고를 간추려 출판사에 넘기고 교정을 보면서 내내 아프고 슬프고 부끄러웠고 또 한편으로는 시원하고 즐거웠다.

공작은 자기의 아름다움을 마음껏 펼쳐 보이기 위해서 항문이 드러나는 것을 두려워하지 않는다고 들었다. 여느 때 나는 솔직한 글이야말로 가장 감동적인 글이라는 신념을 가지고 산다. 쓰는 글이 솔직하지 못하면 나 스스로의 가슴마저 뜨겁게 달구지 못한다.

　나와 인연을 맺은 모든 사람들의 향기로운 영혼에게 이 책을 바친다.

　인연은 화분에 심은 꽃나무와 같다. 날마다 물을 주고 벌레를 잡아주고 거름을 주고 사랑한다고 말하면서 향기를 킁킁 맡아주어야 그것은 시들지 않고 더욱 향기롭게 꽃을 피운다. 만일 조금만 소홀히 하면 시들어져 죽어 한줌 흙으로 변하고 만다.

　이 책을 내준 도서출판 황금나침반 여러분에게 감사한다.

2005년 가을
해산토굴에서 한승원

3_ 펑펑 눈이 오는데 나는 유치원에 갑니다

4_ 선문답하듯이 살아가는 토굴살이

5_ 인연은 화분 속의 꽃나무처럼 가꾸는 것

6_ 나무에 물오르는 소리 들으며 살기

1장_ 내 운명길에는 횡재라는 것이 없었다

그때 나는 한 가지 기발한 생각을 하게 되었다.
남들이 잠든 사이에 나의 손금을 교정하기로 한 것이다.
몇 달, 몇 해 동안에 1밀리미터의 몇십 분의 일만큼 팠고, 다시 몇 해 동안에도
또 그만큼씩을 끊임없이 파고 또 팠다. 내 손바닥의 출세선이
집게손가락 쪽으로 뻗어올라갔을 때 나는 소설가가 되었다.

고난 속에 나를 묻어두는 것도 나이고 꺼내는 것도 나이고

고등학교를 졸업한 다음 고향집에 내려가 농사짓고 김양식 하며 3년 세월을 보낸 적이 있었다. 내 고향은 당시 바다 한가운데 떠 있는 덕도라는 섬이었다(40년 전에 연륙이 되었고, 그 바다는 광활한 농토로 변했다).

가을의 어느 날 한밤중에, 나는 덕도 모퉁이의 들판에 있는 숙부네 논에서 거룻배에다 벼를 산처럼 쌓아 싣고 혼자서 바닷길을 노 저어 마을 앞 선창으로 향해 갔다. 산 같은 벼 짐 탓에 뱃머리 앞쪽을 가늠해볼 수 없었다. 짐작으로 방향을 잡아 노를 저어 나아가야만 했다.

내 눈앞에는 총총한 별들과 출렁거리며 줄기차게 흐르는 해류와 별빛으로 인해 굴절된 어둠이 있을 뿐이었다. 바다의 물길에 어둡고 배 운전에도 서투른 나는 땀으로 멱을 감듯이 하면서 노를 저었다. 어둠에 감싸인 섬 주위의 물목을 소용돌이치며 흐르는 해류에 대한 공포와 불안과 절망이 나를 사로잡았다.

배가 소용돌이치는 해류 속에 휘말리지 않게 하고, 육지 쪽의 갯바위와 암초에 걸려 난파되지 않게 하려면 쉴 사이 없이 노를 저어야만 하는데 내 팔뚝은 힘을 소진하고 뻐드러졌다. 맥없이 뻐드러지는 팔뚝에 힘을 모으기 위해 이를 악문 채 노를 젓고 또 저었다.

나 대신에 노를 저어줄 사람은 그 거룻배 위에 아무도 없었다. 하느님과 부처님도 도와주지 않고 용왕님과 신령님도 도와주지 않았다. 오직 내가 나의 지혜와 나 혼자만의 힘으로 이를 갈면서 물길을 찾아 배를 저어 나아가지 않으면 안 되었다.

새벽녘에, 간신히 뱃머리를 마을 앞의 모래밭에 대놓고 나는 자갈밭에 쓰러져버렸다. 숙부가 다가와 말했다.

"아이고 우리 승원이 넉넉히 장가가겠다!"

그 순간 나는 속으로 울고 있었다. 나 이렇게 살아 무얼 할 것인가. 눈 속으로 흘러든 땀으로 인해 수런거리는 별들이 굴절되고 있었다.

그때 슬퍼하고 있는 깜깜한 의식을 환히 밝혀주는 빛 한 줄기가 있었다. 그러한 고난의 삶 속에 나를 묻어두어서는 안 된다는 생

각이었다. 어느 한 곳에 나를 묻어두는 것도 나이고 그 속에서 나
를 꺼내는 것도 나이다.

손금을 교정하여 운명을 바꾸었다

➤ 고등학교 1학년 때의 내 짝은 한 도사한 테서 손금 보는 법을 배워왔노라고 하면서 주변 동무들의 손금을 보아주곤 했었다. 어느 날 짝이 내 손금을 보아주었다.

"이 감정선하고 요 재산선이 서로 맞닿아버렸으면 너는 장차 재벌이 될 것인데, 또 이 운명선이 여기서 끊어지지 않고 이어졌으면 90살까지 살 터인데, 이 출세금이 집게손가락과 가운뎃손가락 사이로 흘러버리지 않고 집게손가락쪽으로 뻗어 올라갔으면 장차 굉장한 시인이나 소설가가 되었을 터인데……. 네 손금대로 한다면 너는 고향집에서 아부지 어무니가 얼금뱅이 각시 하나 얻어주고 분가시켜주는 대로 농사짓고 김양식 부지런히 해서 시골 부자 말은 들으면서 살아가겠다. 그리고 이장도 하고, 좀더 잘하면 면서기도 하고……."

　그가 농담을 섞어 한 말이지만, 나에게 그것은 커다란 상처가
되어버렸다. 젊은 시절 내내. 아니 지금 이 나이가 되기까지도.

　고등학교 졸업 후 가정 형편상 진학을 포기하고 고향에서 3년
동안 농사와 김양식을 하며 나는 부지런히 문학공부를 했다. 짝
이 손금 때문에 시인과 소설가가 될 수 없다고 점쳐준 운명을 거
역하고 싶었다. 그런데 나는 하는 일마다 실패했다.

　아버지가 교통사고로 다리를 다쳤고 집안 살림이 기울어졌다.
고등학교 졸업 직후, 국어사전 하나를 사들고 덕도의 집으로 내
려간 나는 낮이면 머슴살이하듯 농사일, 바닷일을 하고 밤이면
책을 읽거나 소설을 썼다.

　책을 사보기 위해 닭을 원시부화 방법으로 번식시켰다. 77마리
까지 번식한 닭들이 전염병으로 열흘 만에 다 죽고 말았다. 아침
일찍이 일어나 닭장 안으로 고개를 들이밀었을 때 홰 밑에 떨어
져 죽어 있는 대여섯 마리 시체를 발견하는 참담함. 남은 열 마리
쯤의 닭들 가운데서 웅크린 채 졸고 있는 것들을 잡아서 동네 친
척들에게 한 마리씩 가져다주어야 했던 일들을 생각하면 지금도
가슴이 지린다.

　아버지에게 밭 400평을 달라고 해서 당근 재배를 하기도 했다.

그 수입으로 세계문학전집과 한국문학전집을 살 생각이었다. 밭을 일구고, 광주의 씨앗가게에서 당근씨를 사다가 뿌렸다. 다른 농사일과 바닷일을 하는 틈틈이 달려가 물을 주었다. 한 달이 지난 다음에도 싹이 트지를 않았다.

그해 김양식도 실패했다. 다행히 다음 해부터는 김이 잘 자라주었다. 나는 중학교 준교사 시험을 치러보겠다고 나섰다. 중학교 교사가 된 다음 소설쓰기에 도전할 생각이었다. 아버지는 나를 집에 붙잡아둘 생각으로 시험준비서를 살 돈을 주셨다. 광주에서 책한 짐을 짊어지고 왔다. 《삼국유사》《삼국사기》《한글갈》따위를 밑줄까지 그어가면서 깊이 읽어냈다. 다음 해 여름방학 때 시험을 치렀는데, 내가 읽은 책에서는 한 문제도 출제되지 않았다.

그해 세밑에 서울의 한 신문사 신춘문예에 소설을 응모했는데 당선 통지가 오지 않았다.

도전해본 일들 가운데 어느 것 하나도 되는 것이 없었을 때 막걸리에 소주를 타서 마셨다. 취하면 바닷가로 나갔다. 달이 있는 밤, 비바람 몰아치는 밤, 눈보라치는 밤에 모래밭과 갯바위 위와 자갈밭, 해송숲을 헤매고 다니거나 배를 타고 파도를 뚫고 휘돌았다. 악을 써서 노래하고, 파도를 향해 돌팔매질을 하였다.

문예창작과에 진학한 이후 나는 고민에 빠졌다. 손금을 보아준

동무에게서 운명적으로 소설가가 되지 못할 거라는 판정을 받은 터인데 이 공부에 계속 매달려도 될까. 나는 불안을 떨쳐버릴 수가 없었다.

그때 나는 한 가지 기발한 생각을 하게 되었다. 남들이 잠든 사이에 나의 손금을 교정하기로 한 것이었다. 재산선과 감정선이 맞닿지 않은 것이야 상관할 것이 없었다. 출세선이 교정됨으로써 소설가가 되기만 한다면 어느 정도 가난하게 사는 것쯤이야 억울하고 분할 것이 없을 터였으므로.

내가 그 무렵에 손금 교정을 어떻게 했는지 이제는 공개할 때가 되었다. 집게손가락과 가운뎃손가락 사이로 흘러들어가 버리려 하는 출세선의 끝이 집게손가락 한복판으로 뻗어올라가도록 바늘끝으로 쪼아 파나갔다.

몇 달, 몇 해 동안에 1밀리미터의 몇십 분의 일만큼을 팠고, 다시 몇 해 동안에 또 그 만큼씩을 끊임없이 파고 또 파나갔다. 몸의 모든 신경줄이 모여 있는 그 손바닥을 찌르고 파기가 너무 고통스러워 이를 악물고 몸부림을 치고 눈물을 질금질금 흘렸다.

내 손바닥의 출세선의 끝은 드디어 고개를 쳐든 독사의 대가리처럼 집게손가락 쪽으로 뻗어올라갔고, 오래지 않아 나는 소설가가 되었다. 내가 소설가가 될 수 있었던 것은 내 짝이 내 손금을 보고 점쳐준 운명을 거역하기 위하여 내 손금을 내가 뜻한 바대로 바늘끝으로 피눈물 흘리고 몸부림치면서 교정을 한 덕분이다.

나는 사람들에게 운명을 믿으라고 권한다. 운명을 믿는 자는 자기의 손바닥에 새겨진 손금을 자기가 뜻한 바대로 교정하면서 산다. 그것은 운명에 대한 거역이고 도전이다. 운명을 거역하고 도전하는 것도 자기 운명의 길을 가는 것이다. 운명(運命)에는 바퀴가 있다. 밀고 가는 자의 의지에 따라 이쪽으로 굴러갈 수도 있고 저쪽으로 굴러갈 수도 있다.

올해에 어떤 시험에서 불합격했거나, 사랑을 얻으려다가 뜻을 이루지 못했거나, 사업에 실패한 사람들, 너무 쉽게 좌절하거나 절망 속으로 빠져들지만 말고 밤에 몰래 자기 손바닥의 출세선이나 재산선을 자기가 뜻한 바대로 눈물 흘려가면서 교정해볼 일이다. 손금 교정을 진실로 원하는 사람에게 그것의 더욱 구체적인 방법을 귀띔해줄 용의가 있다.

여기서 손금 교정하기는 상징적인 이야기이다. 실제로 손금 교정을 통해 운명을 바꾸었다는 것이 아니고, 그만큼 피눈물 흘리며 열심히 책 읽고 글쓰기를 함으로써 운명을 바꾸었다는 이야기이다. 오해 없기 바란다.

음화 같은 기억 혹은 통회

    부부 간에 생이별을 하게 되면 환장하게 좋았던 일들만 새록새록 떠올라 목 놓아 슬피 울고, 부모 자식 간에 생이별을 하면 궂은일들만 굽이굽이 떠올라 통회(痛悔)하면서 운다고 들었다.

    나는 영화나 TV드라마를 보면서 곧잘 눈물을 흘리곤 하는 사람인데, 이상스럽게도 아버지가 돌아가셨을 때는 눈물 한 방울 흘리지 않았다. 속으로 통회하며 이 악물고 소리 없이 울었다.

    고등학교를 졸업하던 열아홉 살 되는 해 나는 시골 아버지에게로 가서 농사와 어업을 하며 살아야 했다. 아버지에서 두 해 전에 교통사고를 당해 한쪽 다리를 절름거렸으므로 농사와 바다에서 김양식을 할 수 없었고, 살림살이는 극도로 어려워졌다. 나는 머슴살이를 하듯이 살림살이를 이끌지 않으면 안 되었다.

그 무렵 동창 친구들은 흰 모시옷에 밀짚모자를 쓰고 한손에 책 들고 다른 한손에 부채 들고 이 마을 저 마을로 놀러 다녔고 바다에서 돛배놀이(선유)도 즐겼다. 친구들은 아버지 어머니의 일을 거들지 않고 신선처럼 배회했다. 그들은 도회에 나가 취직하여 살 꿈들을 꾸고 있었다. 어떤 친구들은 당시 유행하던 올백 머리를 하고 귀밑머리를 길게 늘어뜨리고 다녔다. 영화배우처럼.

나도 그렇게 하고 싶어 머리를 쑥대처럼 길렀다. 그런 채로 농사를 지었다. 허름한 일복을 입고, 쟁기질도 하고 두엄도 짊어져 날랐다. 산에서 땔나무를 해오고 울력*도 나가고, 쌀을 돈사*기 위해 지게에 짊어지고 장으로 나가기도 했다. 그때 장차 소설가가 되겠다는 꿈을 가지고 있었던 나는 은밀하게 소설책들과 철학 서적들을 구해 읽고 있었고, 당시 가장 권위 있는 잡지 《사상계》를 정기 구독하고 있었다.

그런데 어찌된 일인지 아버지는, 그렇게 부지런히 일하는 내게 이발소에 갈 돈을 주지 않았다.

---

* 울력 : 여러 사람이 힘을 합하여 일하는 것.
* '돈사다' 는 쌀을 돈과 바꾼다는 말이다.

어느 날 아버지는 마을에 나갔다가 이발사들이 쓰는 가위와 바리캉이라는 이발 기계를 손에 들고 오셨다.

"아가, 내가 머리 깎아주마. 이리 오너라. 젊어서는 동네사람들 이발 다 해주었더니라."

아버지는 동생들에게 의자와 책보자기를 가져오라고 명했다. 나는 의자에 앉은 채 책보자기를 목에 둘렀다. 아버지는 불편한 다리를 이끌고 내 주위를 절름절름 돌아다니시면서 머리를 자르기도 하고 깎기도 했다. 나는 눈을 감고만 있었다.

"다 됐다. 머리 감아라."

머리털을 떨고 방으로 들어가 어머니의 경대에 내 모습을 비춰보았다. 순간 나는 놀랍고 슬프고 울분이 끓어올랐다. 내 머리는 팽이처럼 쫑쫑하게 볼품없이 깎여 있었다. 내가 늘 물에 비쳐보곤 하던 내 넉넉한 얼굴이 아니었다. 소인스럽고 옹졸하고 쩨쩨하고 비굴해 보였다. 그 어떠한 큰일도 해내지 못할 바보로 보였다.

내가 내 발로 이발소에 걸어가서 내 돈 내고 이발사에게 이렇게 저렇게 깎아달라고 요구하여 나를 나답게 만들지도 못하는 주제에 하이칼라머리를 하고 살면 무얼 할 것인가.

내 가슴속에서는 뜨거운 불덩이 하나가 뭉쳐지고 있었다. 나는 어머니의 바느질 상자에서 가위를 집어들고 내 머리를 싹뚝싹뚝 잘라버렸다. 동생을 불러 바리캉을 쥐어주면서 나의 머리를 스님들의 그것처럼 밀어버리라고 명령했다.

내 동생은 히죽히죽 웃으면서 내 머리를 하얗게 만들어버렸다.

동생의 웃음소리를 들으면서 나는 이를 뽀도독 악물고 있었다.

그 스님 머리를 한 내 모습을 아버지는 외면해버렸다. 성질 꼬 장꼬장하고 급한데다 바른 소리 잘하시는 아버지는 나에게 아무 말도 하지 않았다.

여느 때 같으면 "너 이놈, 애비가 성치 않은 다리 이끌고 힘들 게 깎아준 머리를 그렇게 매정스럽게 다 깎아버리다니, 그런 못 돼 먹은 버릇을 어디서 배워 왔느냐!" 하고 호통을 칠 법한데 아 버지는 끝내 외면해버렸다.

물론 그 이후 나는 나의 분수에 어긋나는 짓을 하지 않았다.

아버지의 관 앞에 무릎을 꿇고 앉은 나를 통회하게 한 것은, 그 때 스님의 머리를 하고 있는 내 머리를 애써 외면하시던 그 모습 이었다.

누구든지 아버지 어머니의 주검 앞에서는 다 통회한다. 그 통 회는 아들딸을 거듭나게 한다. 나의 아버지에 대한 기억은 모든 것이 통회이고 깨달음으로 가는 고갯길이다. 아, 아버지 우리 아버지.

혼례식의 하객 여덟 사람

나는 스물여섯 살 초봄에 결혼했는데 혼례식을 무등산 아래 증심사에서 치렀다. 그때는 지금의 대웅전을 바야흐로 신축한 직후라 단청도 제대로 하지 않고 있었다.

내 아내에게는 지금은 돌아가시고 없는 손위 오라버니 한 분이 있을 뿐이었다. 당시 사업을 하던 그 처남은 친지들의 경사에 부지런히 다니며 부조를 했으므로 하객이 500명쯤은 올 거라고 예상하고 있었다. 그리고 제비날개처럼 생긴 검은 예복을 입은 나와 구름무늬의 웨딩드레스를 입은 꽃 같은 자기 여동생이 광주의 가장 큰 예식장에서 〈결혼행진곡〉이 울려퍼지는 가운데 예식을 치렀으면 하고 비랐디.

그런데 내가 한사코 그러한 떠들썩한 예식을 거부하고, 절에서 조용하게 치르겠다고 한 것이다. 숲속의 절이 가지고 있는 암자 주색의 은은한 그늘*이 나는 한없이 포근했던 것이다. 처숙부가 불쾌해 하며 말했다.

"내가 알기로는 대개의 경우 재혼을 하거나 첩과 은밀하게 결혼을 하는 사람들이 몰래 절에 가서 예식을 올리는 모양이던데, 아니 왜 구김살 하나도 없이 떳떳한 너희가 거기에서 혼례를 한단 말이냐?"

그러나 나는 절 아닌 곳에서는 절대로 혼례식을 치르지 않겠다고 고집을 부렸고, 처가 쪽에서는 사윗감을 놓칠세라 나의 말대로 따랐다.

중심사에서 치른 우리 혼례식에 온 하객은 신랑의 아버지, 신랑 아버지의 제자 한 사람, 신부의 어머니, 신부의 처숙부, 신부의 오라버니, 올케, 신부의 이종사촌 여동생, 신부의 사촌 고숙, 사진사가 전부였다. 우리들은 택시 두 대에 나누어 타고 갔다. 간밤 내내 봄비가 내렸고 중심사 골짜기의 냇물은 많이 불어 있었다.

당시 중심사는 비구승과 대처승의 분규로 전 주지가 계림동 사택으로 가버리고 없었다. 우리는 결혼식 한 달 전에 그 대처승인 주지와 약속을 했었는데 그 주지는 사택으로 가면서 새 주지에게

---

* '그늘'이란 말을 '분위기'란 말로 바꾸어놓을 수도 있다.

우리의 결혼식 문제를 인계하지 않았던 것이다.

우리 신랑 신부 일행이 절에 도착했을 때, 절 사람들은 당황했다. 당사자인 신랑 신부도 당황하긴 마찬가지였다. 이런 경우를 굽도 접도 못한다고 말하는 것일 터이다.

절에는 나이 지긋한 보살 둘과 세 사람의 젊은 비구승이 있었는데, 그들은 재빨리 우리 일행을 요사채로 모시고 차를 대접했다. 그리고 한편으로는 혼례식 준비를 서둘렀다.

앳된 비구스님이 와서 예식 치를 준비가 다 되었다고 하여 나가 보니, 새 대웅전에 식장이 마련되어 있었다.

신부는 왼쪽 문으로 들어가고 신랑은 오른쪽 문으로 들어갔다. 법당 안으로 내디딘 첫발 앞에는 하얀 베가 강물처럼 기다랗게 깔려 있었다. 그 강물은 부처님 앞에 만들어진 단까지 뻗어 있었다. 신랑 신부는 그 강물을 밟고 나아가 단 앞에 섰다. 새파랗게 젊은 비구승이 책을 펼쳐놓고 떨리는 목소리로 주례사를 읽어내려갔다.

"지나는 길에 옷자락을 한 번만 스쳐도 전생에 오백승의 인연이 있다 하는데 하물며 백년해로를 하려 하는 오늘의 신랑 신부는……."

그 주례사를 나는 지금도 속속들이 기억하고 있다.

주례사가 끝나자 앳된 비구스님이 목탁을 치면서 염불을 해주었다. 예식 후에 다시 요사채로 들어가 흰죽을 대접받고 우리는 황금동의 처가로 돌아가 첫날밤을 보냈다. 이후 우리 부부는 빚 지지 않고 내 집 지니고 살면서 동생들을 다 가르치고 시집 장가 보내고 분가시켰으며, 큰 아들 동림이와 딸 강, 막내아들 강인이 를 키워냈다.

지난해 초여름의 어느 날, 창백한 얼굴에 늘 새까만 수염을 예 쁘게 기르고 사는 광주남녘 교회 임의진 목사가, 중심사에서 여 름밤의 향기로운 음악회를 자기의 사회로 진행하는데 거기에 이 야기 손님으로 출연해줄 것을 청해왔다.

거기에 가서 그 음악회를 마련한 중심사의 주지 일철 스님을 처 음으로 만났다. 내가 중심사에서 혼례식 치른 이야기를 했더니, 일철 스님이 "선생님의 금혼식을 우리 절에서 올리시지요" 하고 말했는데, 그 스님은 지금 이승에 있지 않다.

나는 지금 이 글을 한낮의 이명(耳鳴)* 같은 매미소리를 들으면 서 쓰고 있다.

머지않아 임의진 목사에게 이렇게 청할 생각이다.

"내 금혼식을 중심사 법당에서 올리고 싶은데 그때 사회를 맡

---

* 이명 : 귀의 질환이나 정신 흥분 등으로 청신경에 병적 자극이 생겨 어떤 소리가 잇따 라 울리는 것처럼 느껴지는 일.

아주시고, 멀리 떠나간 그 스님이 그 자리에 함께 하도록 주선해
주실 수 없겠습니까? 내 아내에게는 신부로서 흰 구름 색깔의 드
레스와 면사포를 써보지 못한 한이 있습니다."

내 영혼 비대칭으로 흔들기

➤ 내 푸른 시절 술이 얼근해지면, 〈진도 아리랑〉이나 〈한오백년〉을 부르곤 했었다. 나는 그것을 간드러지게 부르지도 않고 격조 있게 부르지도 않았다.

가사와 가락과 창법을 순 한승원판으로 불렀다. 어린 시절 할아버지께서 내 사주에 천파성(天破性)*이 들어 있다고 했었다. 나는 늘 격조를 깨고 싶어했다.

"아리랑 아들 낳아서 강원도로 보내고 스리랑 딸 낳아서 남 좋은 일만 시켰네." 〈진도 아리랑〉을 이렇게 불렀고, "내 고향바다

---

* 천파성 : 인간의 운명이 12개의 성좌에 의해 좌우된다는 당사주에서 천파성은 파괴, 파재, 흩어짐을 의미한다.

세모래 밭에 군밤 닷 되를 심어놓고서 그 밤이 싹이 터나와 왕소
나무 같이 자란 다음 주먹만한 밤송이들이 주렁주렁 열릴 때까지
나는 기다리겠소. 아무렴 그렇지 그렇고말고 한오백년 살자는데
웬 성화요." 〈한오백년〉을 이렇게 불렀다.

　중학생 시절, 국어시간에 노트검사를 할 때마다 선생에게 꾸중
을 들었다. 글씨에 정성이 깃들어 있지 않고 격에 어울리지 않게
크고 난잡한데다 요점정리가 전혀 되어 있지 않고 쓸데없는 낙서
들을 해놓았다는 이유였다.
　그것은, 단세포적인 사고만으로 해야 하는 한 가지의 일에 오래
몰두하지 못하고 싫증을 잘 내는, 그리하여 산만하고 급한 내 성
정 탓이었으리라. 나의 노트 정리에 실망한 선생은 내 국어책장
들을 이리저리 넘겨보았다. 책 여기저기에도 낙서들이 가득했다.
국어 선생은 나를 한심스러워했다.
　"너 이 자식, 장차 뭣이 되려고 이러냐?"
　노트 정리라면 내 옆의 짝이 가장 잘했다. 그의 노트는 필경사
가 치수에 맞추어 쓴 듯한 자잘하고 반듯반듯한 인쇄체 글씨들로
채워져 있었다. 지은이, 주제, 단락의 뜻, 전체 줄거리, 낱말의 뜻,
숙이의 뜻, 익힘문세 풀이늘이 한눈에 구별해볼 수 있게 잘 배열
되어 있었다.

한데 그 친구는 나보다 더 무참하게 꾸중을 들었다.

"이게 뭐야! 아이고 이 자식 뻔하다, 뻔해!"

선생은 왜 나보다 그 친구를 더 한심스러워했을까.

나는 일이 곁따라 잘 풀리지 않을 때 세상을 가끔 정반대로 내 식으로 살려고 몸부림친다.

30도의 무더위 속에서 수업을 한 적이 있다. 한 중학교에서 아이들에게 국어를 가르칠 때의 일이다. 아이들이 하도 덥다고 엄살을 부리기에 나는 창문을 모두 닫으라고 명령하고 12월 달력을 펼쳐놓았다. 달력에는 스위스의 거울처럼 맑은 호수 저쪽으로 새하얀 눈산이 불끈 치솟아 있었다.

"이놈들아, 우리는 지금 한겨울 속에 들어 있다."

그렇게 말하고 나서 나는 시치미를 떼고 수업을 진행했다. 내 몸에는 땀이 줄줄 흘렀고 내의는 모두 젖었다. 난 그때 발광하고 있었다.

언제인가부터 나는 세상의 진리라고 떠들어대는 것들을 하나 하나 의심하며 살기 시작했다. 그 진리들을 말하는 문장 다음에 '그러나' '그렇지만' '그런데' '그럼에도 불구하고' 따위를 붙여 생각해보기도 하고, '아니다. 그게 아니야' 라고 하며 고개를 젓기도 한다.

그림을 처음 그리는 자에게 한 인물상을 앞에 놓고 데생을 시켜보면 자기 얼굴과 닮은 얼굴을 그려놓곤 한다. 그것은 얼굴 윤곽, 눈, 귀, 코, 입, 눈썹, 머리털은 대개 이러이러하다는 통념에 사로잡혀 있기 때문이다. 그리고 사람의 얼굴에 대한 그 사람의 통념은 거울 속에서 늘 보던 사랑하는 자기의 얼굴 모습에 제일 깊게 길들여져 있기 때문이다.

우리의 통념이란 것은 우리의 삶을 편하게 하기는 하지만 두루뭉수리하게 만들어버리는 미련스러운 것이다.

초가을의 어느 날, 문예창작과 옆의 화장실 소변기 앞에 서는 순간 나는 아, 하고 탄성을 질렀다. 가랑잎 색깔의 나방 한 마리가 엎드려 있는데 그 날개에 새겨진 무늬가 조팝나무 꽃송이들 여섯 개를 나란히 잇대어놓은 것 같았다.

저놈은 왜 저렇게 아름답고 기묘한 색깔과 무늬로 치장을 하고 있을까. 저렇게 치장하여 자기를 보는 자들에게 무엇을 느끼게 하려는 것인가. 저 치장의 의미는 무엇일까.

저것은 하나의 은유법이다. 무엇에 대한 은유법인가. 손을 씻고 고개를 들자 거울 속에 벽돌색 양복 윗도리를 걸친 한 풋늙은이가 나를 바라본다. 그래 저 풋늙은이도 하나의 은유법이다. 그렇다면 너는 무엇을 은유하고 있느냐.

존재하는 모든 것들은 저마다 하나씩의 은유법이다. 세상의 모든 시인이나 소설가들이 쓰는 한 편 한 편의 시나 소설들은 우주 시원의 시공에 뿌리를 두고 있는 신화가 낳은 진리라는 알을 은유하고 있다. 신화는 진리 그 자체는 아니지만 진리의 배경이거나 자궁인 것이다.

나는 은유법이라는 말에 걸려 어리둥절하여 조금 전에 본 그 나방을 다시 보았다.

묘하게도 그 나방은 '인간은 신의 걸작품이다' 라고 새긴 직사각형의 하얀 아크릴 조각이 붙어 있는 곳에서 한 2센티미터쯤 떨어진 데에 엎드려 있었다.

나방을 등지고 돌아서면서 나는 생각했다. 저 말을 한 자는 신에게 걸려 있다. 사실은 신이 인간의 걸작품인데, 신에게는 자궁이 없는데, 자궁은 인간만 가지고 있는데, 자궁이 인간을 인간답게 만드는 것인데…….

밥에 대하여

내 밥 먹는 버릇에 대해 이야기하면 나를 가엾게 여길 사람이 있을지 모르겠다.

어떤 경우에는 맨입으로 밥 한 그릇을 다 먹어버린다. 그런 다음 국 한 그릇을 또 맨입으로 후룩후룩 마신다. 그러고는 신 김치와 신 김칫국물을 요구르트 먹는 셈치고 따로 먹는다. 맨밥이 과자처럼 고소하고 달고 맛있다.

그 버릇이 언제부터 생겼을까.

나는 중학교 1학년 때부터 대학 졸업할 때까지 내내 자취를 했었다. 자취를 하면 반찬이 떨어져 맨밥을 먹는 경우가 많았다. 아마 그때 생긴 버릇일 터이나.

아침에 먹을 것과 점심 도시락으로 싸갈 분량의 쌀을 양은냄비에 안친다. 그렇게 불 지펴 익힌 밥은 삶은 달걀처럼 향기롭고 고소하다. 그 밥에 곁들여 먹을 반찬은 모두 떨어져서 없고, 오직 된장과 소금만 있을 때, 나는 맨밥의 고소함과 향기로움만을 즐기며 밥을 먹곤 했었다. 그 향기와 고소한 맛을 짠 된장과 소금의 맛으로 손상시키고 싶지 않았다. 그런데 맨밥의 맛이 하도 맛깔스러워 점심으로 싸갈 도시락까지 모두 먹어버리곤 했다.

그때 그 맨밥의 고소함과 향기로움이 지금도 내 몸 속에 맴돌고 있다가 문득 재생되곤 하는 것이다.

나는 날마다 하루 세끼 밥 먹는 일이 그렇게 즐겁고 행복할 수 없어 시간을 딱 정해놓고 행사 치르듯 먹곤 한다. 누군가가 나에게 밥을 사주겠다고 하면 나는 금방 행복에 겨워진다. 하루 세끼 밥을 지어주는 아내에게, 나를 낳아 젖 먹여 키우고 가르쳐준 어머니에게 나는 늘 복종할 수밖에 없다. 늙은 개가 강아지 적부터 곰살갑게 먹여 키워준 주인에게 충성을 다하듯이.

어린 시절부터 몸에 밴 그 밥 먹는 버릇은 어른이 된 다음에도 어찌할 수 없다.

한 신문 기자가 좌담회에 참석해달라고 했다. 오후 5시부터 시작할 수 있었으면 좋겠다고 했다. 내가, 좌담회를 한 시간쯤이면 끝낼 수 있느냐고 물었다. 기자의 말이 최소한 두 시간은 걸릴 거라고 했다. 내가 한 시간 앞당기자고 강권하면서 "6시에 끝내고 나서 저녁밥을 먹으면 좋지 않겠어요?' 하고 말했다.

그 기자가 '이 사람이 왜 이렇게 밥 먹는 일에 신경을 쓸까' 하고 생각할 듯싶어 나는 웃으면서 덧붙였다.

"나는 굶주리면서 자란 세대라 무슨 일이든지 할 때면 밥 문제부터 챙깁니다. 밥을 제때에 안 먹으면 무력증이 생기고 신경질이 나거든요. 우리 결국 먹고 살려고 일하는 것 아닙니까? 허허허."

나는 늘 이렇다. 친구나 제자, 후배나 기자들이 찾아오겠다고 하면 "우리 점심을 함께 하지", "우리 저녁을 함께 하면 어떨까요?" 하곤 한다.

찾아오는 제자나 후배들에게는 가능하면 밥을 먹여 보내려고 한다. 그냥 차만 한 잔 대접해서 보내면 서운해서 견딜 수가 없다. 이제 넉넉하게 먹고 살 만한 사람이 손님을 인색하게 홀대하는 듯싶어 걱정이 앞서는 것이다. 선배나 친구를 찾아가서 차만 한 잔 얻어 마시고 돌아오면 서운하고 매정스럽게 여겨졌었다. 사실은 내 경험을 생각해서 그렇게 하는 것이다.

밥이란 얼마나 좋은 것인가. 마주앉아서 함께 밥을 먹으며 이야기하면 즐겁고 신난다. 즐겁고 신나면 이야기가 잘 풀린다. 이야기가 잘 풀리면 상대가 예뻐지고 듬직하게 느껴진다. 오해가 없어지고 사랑과 정이 깊어진다.

후배나 제자들에게 가능하면 양질의 음식을 많이 먹이려고 한다. 회도 사주고 내가 먹는 포도주나 양주도 아낌없이 내주면서 이렇게 말하곤 한다.

"젊고 건강할 때, 먹을 수 있을 때 많이 먹어라."

"어려워하지 말고 더 먹어라."

나에게서 좋은 음식을 대접받고 간 사람은 나를 배반하지 않을 것이다. 음식을 대접하면서 정이 든 만큼 나도 그를 배반할 수 없다.

짐승을 키워보면 먹이를 준 주인에게 충성을 다한다. 개도 그렇고 고양이도 그렇고 소도 그렇고 말도 그러하다. 만일 먹이를 준 주인을 물어뜯는 짐승은 가차 없이 제거해야 한다.

인간이 자기 부모를 배반하지 않는 것은, 열 달 동안 자궁에 담고 다니다가 배앓이 하여 낳고 젖 먹이고 밥 먹여서 키우며 똥오줌 가리게 하고, 병들어 열꽃 피어 칭얼거리는 것 안고 업고 간호하면서 키워 가르쳐 시집, 장가 보내주었기 때문이다.

밥이 하늘이다[食而天]. 밥이란 성스러운 것이다. 나는 밥을 비굴하지 않게 밥답게 먹기 위해 떳떳하게 글을 쓰고 사색하고 명상하고 수지타산 따지지 않고 사람들을 아쉽지 않게 대접하려 한다.

밥은 나누어 먹어야 한다. 아내는 이웃 서울양반 집에 모여 어울리는 외로운 할머니 할아버지들에게 수시로 떡이나 부침개나 두부를 만들어다 드린다. 도토리묵이나 팥죽도 쑤어다 드린다.

나는 아무리 허기가 심했을 때일지라도 설렁탕 한 그릇, 비빔밥

한 그릇이면 배가 넉넉하게 불러버린다. 좀 고급스럽게 먹을 경우, 회 한 접시에 포도주 한두 잔이면 넉넉하게 얼근해져 노래방에 가서 〈황성옛터〉〈돌아가는 삼각지〉〈떠나가는 배〉 '아리랑 아들 낳아서 강원도로 보내고 스리랑 딸 낳아서 남 좋은 일만 시켰네'를 목청껏 뽑을 수 있다.

우리가 마지막 입는 옷에는 호주머니가 없게 마련이다. 저 세상 돌아갈 때는 빈손인 것을 챙겨 무얼 할 것인가. 내가 살던 집도 여관일 뿐이다.

부정맥 때문에 우울해진 어느 날, 나를 찾아온 제자들과 후배들에게 이렇게 말했다.

"나 죽으면 다비해서 바다에 뿌리라고 할 것이다. 절대로 어떤 형태의 무덤도 따로 만들지 말라고 자식들에게 말했다. 이 토굴 자체가 내 무덤이다. 나 떠나갈 날 멀지 않았는데, 나 가버린 다음 누가 이 무덤에 와서 살 것인가. 이 토굴은 군(郡)에다가 줘버릴 테다. 내가 쓰던 모자, 신던 신, 보던 책 한 치도 옮기지 말고 그대로 놔두라는 조건만으로."

저녁밥을 먹으러 아랫집으로 내려가서 아내에게 그 이야기를 했더니, 아내는 "아주 잘하셨습니다" 했다. 아들딸들에게 전화로 말하니 그들도 다 잘하셨다고 했다. 나는 갈매기의 깃털처럼 몸이 가벼워지는 것을 느꼈다. 그날 저녁밥을 과자처럼 맛있게 먹었다.

내 운명길에는 횡재라는 것이 없었다

➤ 짙푸른 바다 한가운데 떠 있는 섬 속의 초등학교에 다닌 나는 늘 나룻배 타고 바다를 건너 뭍에 있는 타지 학교에까지 소풍을 가곤 했었다. 소풍이라기보다는 강행군이었다. 학급에서 나이가 가장 어린 나에게는 봄소풍이 즐거움이나 기쁨이 아니었다. 먼 목적지까지 걸어갔다가 걸어서 돌아와야 하는 고통스러운 일이었다.

4학년 때 갔던 봄소풍이 가장 잊혀지지 않는다.

1, 2, 3학년은 섬 안의 바닷가를 돌고 4, 5, 6학년은 뭍으로 행군을 했다. 내가 학교에 빨리 들어간 까닭으로 여섯 살 많은 누님이 두 학년 위, 세 살 많은 형이 한 학년 위였으므로, 우리는 함께 갔었다.

목적지에서 해산하여 집으로 돌아오는 길은 지쳐 있는 탓에 더욱 아득하고 멀었다. 밤이 이슥하여 누님의 손에 이끌려 형과 함께 돌아왔었다. 지금 머리에 남아 있는 것은 삼형제가 둘러앉아 싸가지고 간 도시락을 달게 먹었던 일, 바다를 건너고 산을 넘어 돌아오면서 본 검은 어둠과 가지색 밤하늘에 초롱초롱한 푸르고 노랗고 불그죽죽한 별 떨기들이다. 또 하나 잊혀지지 않은 것은 돌아온 이튿날 앓은 다리몸살과 부르튼 발병이다.

중학교 시절의 소풍도 그렇게 즐거운 것은 아니었다. 소풍을 가면 으레 보물찾기를 한다. 반별로 즐겁게 놀이를 하고 있는 사이에 교감선생님이 근처의 일정한 지역에 보물을 숨겨놓는다. 그리고 모든 학생들에게 거기에 들어가서 보물을 찾아오라고 하는 것이다.

보물은 풀섶이나 나뭇가지나 땅 밖으로 드러난 뿌리나 돌틈, 바위틈에 들어 있다고 했다. 아이들은 우르르 보물이 있는 곳으로 몰려들었다. 여기저기에서 "여기 있다!" "아, 또 하나 주웠다!" 하는 탄성이 들려왔지만 내 눈에는 아무 것도 보이지 않았다.

중학교 1학년 때부터 고등학교 3학년 때까지 봄소풍 때마다 보물을 찾아보려고 애를 썼지만 한 번도 찾지를 못했다.

한번은 보물을 찾은 친구에게 그것을 보여달라고 했다. 친구는

내가 혹시 훔쳐갈까 싶어 그러는지 보물의 한쪽만 슬쩍 보여주고
는 얼른 감추었다. 보물이란 것은 명함을 반으로 쪼개놓은 것만
한 하얀 종이쪽지였다. 그 속에 '공책' '연필'이라는 글씨가 씌
어 있을 뿐이었다.

그렇지만 나는 그것이 공책 한 권이나 연필 한 자루와 맞바꿀
수 있는 종이쪽지로 보이지 않았다. 그것은 행운이라든지 재수라
든지 그런 것들과 관계된 운명줄이 표시된 것으로 여겨졌다. 적어
도 그 보물을 찾은 친구는 그러한 행운을 누린 만큼 앞으로도 늘
그와 같은 행운을 맞이하게 될 운명을 타고 난 듯 부럽기만 했다.

운명은 행운과 불행을 동반한 채 우리 삶의 앞길에 드러누워 있
는 그림자라고 나는 알고 있었다. 그 운명은 단청이나 탱화를 그
리는 금어*들이 미리 그려놓은 밑그림처럼, 꼭 그렇게 되어가지
않을 수 없는 길일 듯싶었다.

그리하여 나는 소풍 때마다 한 번도 주워보지 못한 보물로 말미
암아 늘 슬퍼하곤 했었다. 그 운명의 밑그림은 나를 어떤 횡재의
재수나 행운으로부터 멀리 떨어져서 살게 그려져 있는지 모른다.
그래서 그런지 나는 몇 차례 장난삼아 복권을 사보았지만 단 500
원짜리 하나도 맞아떨어진 적이 없었다.

---

* 금어(金魚) : 불화나 불상을 조성하는 무리들의 우두머리.

나는 애초부터 횡재 같은 것은 나의 운명길에 누워 있는 밑그림
이 아니라고 생각하며 산다. 내가 고통스럽게 노력한 만큼 얻어
지는 당연한 보수를 떳떳하게 얻으며 살고 있을 뿐이다.

피땀 흘리며 고생해 얻은 것처럼 보람 있는 것도 없고 속 편하
게 하는 것도 없다. 그것은 부채감을 가지지 않게 한다.

30대 내내 10여 년간 교직에 있는 동안 남녀 중학생들과 가곤
했던 소풍도 그리운 흑백사진으로 남아 있다. 봄소풍을 통해 나
는 그들의 풋풋하고 향기로운 삶과 만나곤 했다. 그때 나는 비담
임 교사였으므로 풀섶에 보물 숨기는 일을 맡아하곤 했다. 그것
은 보물을 찾지 못한 수없이 많은 학생들에게 내가 맛본 슬픔을
맛보게 했을 터이다. 동시에 '나는 횡재와 관계되지 않은 사람'
이라는 가르침을 주었을지도 모른다.

나른해지고 우울해지는 봄날 싱그러운 꽃향기, 풀향기, 연두색
신록향기를 몸 속에 배이게 한 봄소풍을, 나는 요즘 혼자서 늘 떠
난다. 바닷가로 가기도 하고 뒷산으로 가기도 한다.

나의 슬픈 일탈 타령

나를, 도통해서 아주 대범하고 느긋하고 넉넉하고 자비롭고 호인스러운 사람이라고 생각하는 한 친지가 나에게 물었다.

"절벽을 마주친 듯 답답할 때 어떻게 대처하시오?"

환장할 것 같이 슬프고 답답한 일이 앞에 가로막힐 때 나는 아주 미욱하게 대처한다. 나는 그 미욱한 나를 이렇게 시로 쓴 적이 있다.

밤새도록 눈 몸살을 앓느라고 나는 허리 아픔으로 아내는 관절염으로 잠 설치고 난 이튿날 아침 형님이 위독하니 빨리 오라는 전화 받았다. 중환자실에서 여섯 달째 누워 계시는 그 양반의 누울 자리도 마련해놓지 않았는데 어디로 모실까.

병원에 가면 아침 거르게 된다고 아내는 밥 준비를 하고 나는 조급하게 그 사이의 시간을 죽이려고 컴퓨터의 스위치를 올리고 쓰다 둔 글을 이어서 쓴다. 써지지 않지만 몰두하려고 애를 바락바락 쓴다.

밥상 보아놓고 아내는 달려와 당신 대관절 무얼 하고 계시느냐고 재촉을 한다.

얹히지 않도록 꼭꼭 씹어 먹을 밥 다 먹고 화장실에 가서 변기 타고 앉아 힘 쓸 것 다 쓰고 뱃속 편안하게 정리할 것 다 정리하고 칫솔로 이빨 닦고 나가서 택시를 탄다.

시가지는 뽀도독 뽀도독 밟히는 눈 세상이다. 아직도 눈송이들은 끝간 데 모를 우중충한 하늘에서 흘러내린다. 좌절과 허무의 몽근 이 눈가루들 맞으며 그 형님 어딜 가려고 그렇게 길을 나서는 것일까.

— 〈눈세상〉 전문

세상이 나를 슬프게 할 때, 어떤 일인가가 풀리지 않아 답답할 때, 조급해질 때, 따돌림을 받는 듯싶어 우울해질 때, 잠이 오지 않고 잡념만 들끓을 때, 몸에 연분홍의 열꽃이 피어날 때, 나는 서재로 들어가서 컴퓨터를 켜고 소설을 쓴다.

"스님들은 깨달음[正心]을 위하여 좌선을 하지만, 유학자들은 일을 통해서 깨달음에 이른다" 하고 말한 다산 선생의 말에 나는 공감한다.

그렇다. 글쓰기를 함으로써 나는 만감이 교차하는 마음을 다잡곤 한다.

이 봄 들어, 그 어느 누구에게도 말할 수 없는 따분한 일이 하나 생겼다. 그것을 하늘에 계신 그분에게도 부처님에게도 말할 수 없고, 혀를 맞물고 사는 친구에게도 말할 수 없고, 아내에게도 자식들에게도 말할 수 없다. 나 혼자서 소화시키면서 아픔을 견디지 않으면 안 된다.

절대고독이다. 그것을 나는 맹장염 수술을 할 때 절감했다. 나의 맹렬한 배 통증을 어머니도 아내도 자식들도 친구도 대신해주지 못했다. 그것을 감당할 수 있는 것은 오직 나뿐이었다. 나는 달콤한 생각으로 나에게 최면을 걸면서 아픔을 극복했다.

생각하면 생각할수록 환장할 것 같은 심사일 때, 그 심사를 나는 글 쓰는 일로써 극복한다.

사람들은 흔히 말한다. 자기가 쓰는 글이 세상을 바꾼다고. 나는 그렇게 생각지 않는다. 내가 쓰는 글은 오직 나를 바꿀 뿐이다. 내가 만일 글을 쓰며 살지 않았으면 나는 지금 어떻게 되어 있을까. 혹시 종신형을 받은 채 갇혀 있지 않을까. 글이 나를 구제한다. 나는 나를 구제하기 위하여 글을 쓴다.

글을 쓰기 전에 나는 글감이 되는 대상에 대하여 새로운 눈으로 보려고 애를 쓴다. 새로운 눈으로 보려고 애를 쓴다는 것은 내 눈이 새로워진다는 것이다. 내 눈이 새로워지려면 내 마음이 새로워져야 하고, 마음이 새로워지려면 내가 착해지지 않으면 안 된다. 그러니까 사실 나는 매우 악한 사람이었는데, 글을 잘 써보려고 나를 늘 착하게 길들여온 것일 터이다.

어떤 복잡한 일을 당했을 때 그 상황으로부터 일탈하려고 애를 쓰는 일과 나를 착하게 길들이는 일은 같다. 나를 착하게 길들이는 방법은 이러하다.

서재에 들어박혀 글에 몰두하여도 일탈이 이루어지지 않으면 밖으로 나간다. 찬바람을 가슴 깊이 들이켠다. 연못 둑을 거닌다. 수면 속에 들어 있는 하늘과 구름과 숲과 탑을 본다. 물 속에 투영된 세상은 전혀 다른 세상이다. 주변에 널려 있는 꽃들을 본다. 산수유꽃, 매화꽃, 춘란꽃…… 그 꽃에 코를 박고 향기를 맡는다. 꽃 속에 얼굴을 처넣고 꿀을 빠는 벌을 질투하면서.

하늘을 쳐다본다. 하늘에서 기를 얻는다. 텅 빈 허공. 내가 이곳에 오기 이전에 그 허공에 있었다고 생각한다. 내가 이승의 삶을 정리하고 갈 곳은 그 허공임을 생각한다. 그 허공은 나의 고향이다. 원형이다.

나에게 일탈은 텅 빈 세상 생각하기, 욕심 버리기, 마음 비우기이다. 그 마음 비우기에서 힘을 얻고 강해진다.

일, 혹은 만병통치의 명약

나는 일에 미쳐서 산다. 일에 미쳐 있을 때 가장 행복을 느낀다. 일에도 향기가 있다. 그 향기에 취해 산다.

일이 없으면 방황한다. 무력해진다. 일이 없으면 아프고 사는 재미가 없다. 때문에 일이 없으면 일을 만들어서 한다. 그날 일을 하지 않으면 세상 혹은 우주가 제대로 돌아가는 것 같지 않게 느껴진다. 우주가 마치 멈추어버린 시계처럼 느껴진다.

그러한 나를 가장 한심해 하는 것은 아내이다.

"제발, 일 욕심 좀 부리지 마시오. 이젠 웬만큼 살게 되었지 않아요? 당신은 살 줄만 알지 그 일 때문에 죽게 될지도 모른다는 것은 모르는 사람이어요."

그렇지만 어찌할 수가 없다.

주 5일제의 노동법이 시행되고 있다. 그 법 시행을 축하하고 찬탄하는 사람은 나를 비웃을지도 모른다. 삶의 질을 향상시킬 줄 모르는 사람이라고. 자기 삶을 즐길 줄 모르는 일벌레라고.

누가 무어라고 할지라도 나는 일을 만들어놓고 그 일에 늘 쫓기면서 산다. 받아놓은 일 때문에 조급해 하고 안달을 하곤 한다. 일을 받아놓고는 느긋해지지를 못한다. 그 일을 다 해치우고 나야 편안해지는 것이다.

일 앞에서 느긋하지 못한 나에게 화를 내고 그러한 나를 늘 꾸짖곤 한다. 일에서 벗어나자고 타이른다. 그렇지만 나는 나의 충고를 받아들이지 않는다.

이상한 현상이 나에게 있다. 나는 다급한 돌발사건에 부딪쳤을 때 뜻밖에도 느긋해진다. 느긋해지고 차분해지도록 나를 도와주는 것은 나의 일이다.

사실은, 잠깐 내가 혼돈 속으로 빠져 들어가면서 멍해지는 것일 터이다. 아니, 그것도 아닐 터이다. 혼돈이 왔다고 느껴지는 순간 내 의식 속의 비상 에네르기가 발동하는지도 모를 일이다. 이때 나는 냉정해진다.

어느 날 밤 지네에게 물린 발가락이 떨어져나가는 것처럼 아팠다. 누워 질 수도 없고, 앉아 있을 수노 없고, 서 있을 수도 없었다. 그때 내 발길은 서재로 옮겨갔다. 컴퓨터를 켜고 쓰다 둔 소

설 원고를 끄집어내어 써가기 시작했다. 원고지 몇 장 분량이나
썼을까. 그런데 통증이 가라앉아 있었다.

두 개의 돌 가지고 살기

➤ 나에게는 두 개의 돌이 있다. 하나는 내 삶의 길을 올바르게 열어가는 작업 칼을 가는 숫돌이고 다른 하나는 내 얼굴을 비쳐보는 거울이다. 흔히 숫돌을 타산지석(他山之石)이라 하고 거울을 귀감(龜鑑)이라고 한다.

오래 전에 니코스 카잔차키스라는 소설가의 책을 읽은 적이 있다. 그는 그리스의 소설가인데,《희랍인 조르바》라는 소설로 널리 알려져 있다. 광주민중항쟁이 일어난 직후 나는 한동안 소설을 쓰지 못하고 있었다. 진실과 진리가 사라지고 없는 이 시대에 내 소설은 어떠한 노릇을 할 수 있다는 것인가. 나는 절망했다. 추위 속에서 한 켤레의 양말이나 장갑도 될 수 없고, 잔혹한 자들을 후려쳐주는 몽둥이나 칼 한 자루도 될 수 없는데 그것을 써서 무얼 한다는 것인가.

절망한 나는 방황했다. 그때 나에게 한 일본인 작가가 카잔차키스의 《영혼의 자서전》 읽기를 권했다. 그 책을 나는 밤새워 읽었다. 그리고 소설가는 소설을 씀으로써 자기의 구실을 하는 것이라는 생각을 가지게 되었다. 이후 나는 어떠한 일을 당해도 소설로써 나를 이야기하려고 들었다. 나에게 있어서 카잔차키스는 좋은 거울이다.

그는 그 자서전에서 '신이여 나를 활에 걸고 힘껏 당겨 주십시오. 그곳에 날아가 박힐 수 있도록' 하고 기도하고 있었다. 그 기도처럼 그는 80세가 넘었음에도 불구하고 감성 풍부하고 서사 튼실한 소설을 끊임없이 쓰다가 죽어갔다.

또 하나의 거울은 화가 르누아르이다. 80이 넘었음에도 불구하고 끊임없이 그림을 그리는 르누아르를 한 화상이 찾아갔다. 노화가가 죽어가기 두 달 전이었다. 그때 르누아르는 오른쪽 팔이 마비되어 붓을 잡을 수 없었다. 간병인이 와서 오른손 끝에 붓을 붙여 붕대로 동여주면 그 붓으로 그림을 그렸다.

화상이 슬픈 눈으로 그의 얼굴을 바라보자 노화가가 웃으면서 말했다.

"손은 똥이야."

그것은 손으로 그리는 것이 아니고 영혼으로 그리는 거라는 말이었다.

나는 위의 두 거울을 보면서 감히 이렇게 말하곤 한다.

"살아 있는 한 소설을 쓸 것이고 소설을 쓰는 한 나는 살아 있을 것이다."

시골의 초상집에 가면 이웃집의 개 한 마리가 와서 여기저기 기웃거리며 땅에 떨어진 음식물을 핥아먹는 것을 볼 수 있다. 우글거리는 사람들 속에 들어와 떳떳하지 못하게 먹이를 찾아먹고 있는 그 개의 행동은 의젓하지 못하다. 꼬리를 뒷다리 사이에 찌르고 자세를 낮춘 채 사람들의 눈치를 보며 흘긋거린다. 혹시 누군가에게 엉덩이나 옆구리를 걷어차이지 않을까 두려워하는 것이다. 그러한 개를 일러 '초상집 개'라고 말한다.

요즘은 개들을 묶어놓고 키우므로 시골 마을의 초상집에 가더라도 그러한 개들을 보기가 힘들다. 한데 그러한 초상집 개는 전혀 다른 곳에서 많이 볼 수 있다.

세상에는 이런저런 행사들이 많다. 혼례식 뒤풀이 모임도 있고, 표창장을 받고 난 다음의 뒤풀이 모임, 기념회 모임, 무슨 일인가를 축하하는 모임, 칠순잔치 모임, 의원들의 후원회 모임……. 그 모임들에는 이런저런 사람들이 들끓는다.

그러한 모임에 가보면, 퇴임한 다음 늙어가는 주제에 확실한 주견도 없으면서 여기저기에 자기 이름 석 자를 끼워넣으려 하고, 거기에 들어가서 혹 떡고물이라도 생기지 않을까 하고 흘긋거리고 게걸스럽게 구는 사람들이 얼마든지 있다.

참여의식 강한 사람들을 꾸짖거나 그들이 하는 일을 폄하하려는 것이 아니다. 그들 중에는 순수하게 그 모임에 힘만 실어주려 하는 사람들과 그렇지 않은 사람들이 있다. 나는 순수하지 못하게 먹을 것만 챙기는 추한 사람들을 두고 하는 말이다.

학창시절에 그들의 소설을 매우 감동 깊게 읽은 바 있지만 시방은 활동하지 않는 선배 소설가들 가운데서도 더러 그렇듯 추한 짓을 하는 사람들이 눈에 띄었다. 나는 '훗날 절대로 저렇게 되지 말아야지' 하고 그들을 보면서 마음을 다졌다.

그렇게 나의 마음을 다지게 하는 사람들이 나의 타산지석이다. 타산지석은 아무런 쓸모가 없지만 내 칼을 가는 숫돌이 될 수 있다.

책 한 권, 잡지 한 권 제대로 읽지 않으면서 아는 척하는 사람들, 자기보다 강한 자에게 비굴하고 상급자에게 바른 말 한 마디 못하고 아부아첨만 잘 하면서 아랫사람에게는 으스대고 군림하고 자기보다 약한 자에게는 함부로 잔인하게 구는 사람들, 주견 없이 이리 기울어지고 저리 기울어지는 자들은 나의 좋은 숫돌이다.

무력증을 치유하는 방법

절망과 좌절과 슬픔과 분노가 나를 무력하게 하고 몸부림치게 할 때 그분을 찾아가 절을 한다.

그분에게서 '하늘 위 하늘 아래 오직 내가 혼자 우뚝 서 있을 뿐[天上天下唯我獨尊]'이라는 절대고독과 실존을 공부한다.

나는 철저한 석가모니주의자(主義者)이지만, 황송하게도 절대로 그분이 나에게 행해줄 이적이나 황홀한 땅이라는 극락세상, 천국을 믿지 않는다.

내 속에 들어 있는 그분께 절을 할 뿐이다. 절하면서, 마음 비우는 법을 공부하고 마음 비우는 연습을 한다. 절을 하면서 마음에 둔 최소한의 어떤 일을 위하여 나와 약속을 한다. 절을 하면서 나에게 참회하고 세상에게 참회를 한다.

몸이 아플 때, 무력증이 나를 절망하게 하고 나 스스로의 한계
점을 인식하게 될 때 '하느님, 저에게 힘을 주십시오. 부처님, 관
세음보살님 저에게 힘을 주십시오!' 하고 빈다. 나의 하느님 나의
부처님은 나에게 말한다. '네가 힘을 달라고 말했을 때 이미 너의
몸과 마음에는 그 힘이 샘물처럼 고이기 시작했느니라.'

부처님과 나와의 사이에 깃든 인연을 나는 행복해 하며 살아간
다. 부처님에게 절하고 힘을 얻는 법을 터득하지 못했다면 시방
내 삶은 어떻게 되어 있을까.

죽음에 대하여

간밤 내내 혼자서 열꽃 피어난 몸으로 감기 몸살을 앓다가 일어나 아침밥을 먹으러 간다. 밥상을 받으신 노모가 고깃국을 달게 잘 잡수시는 것을 보면서 죽음과 삶에 대하여 생각한다. 널려 있는 암자주색의 저승꽃과 깊은 주름살들로 인해 일그러진 얼굴과 작아진 어머니의 몸.

그 나의 껍질을 바라보면서 누군가의 껍질로 늙어감과 생명력을 거기 견주어 생각한다. 설날을 전후해서 다녀간 내 알맹이인 아들과 며느리와 포동포동 잘 자라는 손자를 생각한다.

저, 나의 껍질이 저렇게 건재해 있는 한 나의 생물학적인 삶이 반드시 영위되어야 한다는 의무감이 나를 슬프게 한나. 의무로서의 삶을 생각하고 있는 나는 무엇인가. 백전의 용사인가, 바보인가.

치기와 객기가 난만하던 청년 시절, 한창 유행한 실존주의에 빠져 있던 친구가 자살할 권리와 자유에 대하여 이야기했다.

"인간의 가장 인간다운 점은 자살할 줄 안다는 것이다. 동물과 사람의 다른 점은 무엇이냐. 동물은 본능적이고 감정적이고 충동적일 뿐 이성적이지 않다. 참을성 없고 도덕률에 따라 구속받지도 않는다. 아무리 삶이 고통스러워도 자살할 줄을 모른 채 살아간다. 살아 있으므로 맹목적으로 살아갈 뿐이다. 사람은 이성적이고 참을성이 있고, 도덕률에 따라 구속당하고, 사유하고 명상하면서 지상(至上)의 삶을 향해 더 높이 더 높이 나아간다. 인간의 가장 인간다운 점은 자살할 줄 안다는 것이다. 사람이 동물과 가장 잘 구분되는 것은, 자살할 권리와 자유가 있다는 것이다."

그 친구의 이야기는 어떤 점이 옳고 어떤 점이 그릇되었을까.

솔직하게 말한다면, 소설가인 나에게도 절망은 무시로 찾아온다. 소설 문장 하나하나에 절망한다. 소설을 한 편 한 편 써서 발표하고 났을 때마다 절망한다. 나의 능력은 기껏 이 정도밖에 안 된단 말인가.

죽어가는 나의 모습이 머리에 그려진다. 그 다음 나의 주검을 대하는 사람들의 눈길을 생각하면서 진저리친다. 나를 구성하고 있는 요소들이 흩어져 우주 삼라만상에게로 돌아가고 있는 모습들에서 허무를 절감한다. 내가 없어져도 태양과 지구와 달은 변함없이 돌고 또 돌 터이다. 썰물과 밀물은 교차하고 무역풍은 규칙적으로 방향을 바꾸곤 할 터이다. 나 없어진 다음 나의 낡은 껍질과 나와 맨살을 섞은 아내와 그 결과로 태어난 나의 알맹이들이 내 주검을 앞에 놓고 슬퍼하고 절망하는 모습이 나를 전율하게 한다.

나에게로 달려오는 바람과 햇살 앞에서 나는 미친 듯이 살고 싶어진다. 죽음을 골똘하게 생각한 날이면 나는 술을 마시고 싶어지고 돼지 멱따는 소리로 노래하고 싶어지고 미친 듯이 춤추고 싶어지고 섹스를 하고 싶어지고 다시 미친 듯이 글을 쓰고 싶어진다.

어찌 나만 그러하겠는가. 성공하지 못한 사업가, 한 골도 넣지 못하고 헛발질만 거듭한 축구 선수, 낙선한 정치인, 고시에 낙방한 수험생, 계속 그려보지만 마음에 드는 그림을 그리지 못한 화가, 정상 정복에 번번이 실패한 산악인, 자기의 신통치 않은 연기를 브라운관을 통해 재생시켜 보는 배우…… 모두가 다 그러할 터이다.

그럼 어찌해야 하는가. 나는 이승에서 나를 신나게 하는 어떤 일인가를 성취하기 위해 끝까지 분투하려고 태어났다. 무대 위에서 소리를 하다가 쓰러져 죽어갔다는 명창 임방울처럼, 나의 운명 나의 글쓰기 속에서 분투하다가 컴퓨터 글자판 앞에 거꾸러져 죽어야 한다. 그게 최고 최대의 행복이다.

2장_ 내 사랑스러운 한심한 영혼아

아내는 어느 날 얼굴에 웃음을 함뿍 담은 채 나에게 농담을 했다.
"나는 소설 공장 공장장이오."
한 집안에 소설가가 셋이므로 그렇게 말할 만하다고
나는 소처럼 웃었다.

내 사랑스러운 한심한 영혼아

✈ 황금색 가을 들판을 내다보면서 나의 사랑스러운, 한심한 영혼들을 생각한다.

속담에 이런 말이 있다. '삼촌 조카 잘 되라고 빌지 말고 시절 좋으라고 빌어라.' 시절이 좋아야 쌀 한 됫박이라도 팔아먹기 쉽다는 것이다. 삼촌이나 조카가 부자로 살지라도, 만일 흉년이 들면 그들로부터 도움을 받을 수 없을뿐더러, 이웃사람들에게서도 밥 한 술 얻어먹기 힘들다는 것이다.

조금 전에 한 출판사 사장과 전화를 나누었다. 소설 출판시장이 무너지고 있다고, 그가 말했다. 그는 40년 넘도록 고집스럽게 소설책을 전문으로 출판하고 있다. 내 책도 예닐곱 권 출판한 바 있다. 백만 권쯤 팔린 베스트셀러도 몇 권 낸 바 있다.

"금년처럼 책이 안 팔린 해는 없었습니다. 선생님의 소설책이 유일하게 몇 판을 거듭 찍은 책이었습니다."

그 말이 나의 눈앞을 아득하게 한다.

책시장은 불황이다. 그 흉년은 오래 전부터 이어져오고 있었다. 사람들은 책을 읽지 않고 산다. 텔레비전 때문이고 인터넷 사이버 세상 때문이고, 즉물적인 즐기기의 삶 때문이다.

사흘 동안 좋은 책을 읽지 않으면 입에 가시가 돋친다고 옛 성인은 말했지만, 현대 사회는 늘 가시 돋친 말을 입에 담고 살아야 하기 때문에 사람들은 책을 읽지 않는 것일까.

수험생들은 좋다고 이름난 소설작품을 읽지 않는다. 소설의 줄거리와 주제와 등장인물의 의미와 구성방법과 아름다운 문장과 지은이들에 대하여 간략하게 정리해놓은 참고서 내용을 달달 외울 뿐이다. 출제될 가능성이 있다고 소문난 단락들을 집어내어 집중적으로 읽고, 숨은그림찾기나 퀴즈 풀이처럼 공부를 한다.

정도를 찾아 공부하지 않고도 좋은 성적을 올릴 수 있는 수단과 방법을 모두 동원하여 공부한다. 문학작품 속에 들어 있는 미네랄이나 영양소 따위를 섭취하고 있다가는 다른 경쟁자들에게 뒤처진다고 생각하는 것이다. 점수 많이 따는 선수가 되어 명문이라고 평가받는 대학에 가기만 하면 장땡인 것이다.

잔혹한 세상이다.

이 잔혹한 세상에 내 딸과 아들 둘은 모두 소설을 쓰고 있다. 평생 곤궁하게 살아갈 작정들을 하지 않고서야 어떻게 그런 길을 택할 수 있단 말인가.

참으로 겁 없는 아이들이다.

나의 문학하는 벗들은 아무도 나처럼 자식들을 소설가나 시인으로 만들지 않았다. 그들과 그들의 아내들은 모두 교통정리를 잘한 것이다.

"너는 네 아버지처럼 문학 하지 마라. 다른 좋은 길 다 놔두고 왜 하필 곤궁하고 고통스러운 소설가가 되어 사니? 앞날이 확실하게 보장되지도 않은 길을 왜 가려 하니?"

그러면서 그분들은 자식들로 하여금 의사의 길, 법조인의 길, 학자의 길, 공무원의 길로 나아가게 했다.

그런데 나와 나의 아내만 멋모르고 '너희가 알아서 하고 싶은 일 하면서 살아라' 하고 방치한 것이다.

한 평론가가 오래 전에 《한심한 영혼》이라는 제목의 평론집을 냈다. 그 평론가는 대관절 어떤 사람의 영혼을 가리켜 한심한 영혼이라고 말한 것일까.

"한심한 영혼아, 너는 굶주렸지만 포도주를 마시고 고기와 빵을 먹는 내신에 하얀 종이를 써내서 '포도주, 고기, 빵' 이라고 써넣고는 그 종이를 먹는구나."

이것은 그리스의 소설가 니코스 카잔차키스의 말에서 인용한 것이다.

문학이 죽어버린 오늘날의 각박한 세상, 출판시장이 무너져버린 글쟁이들의 공황의 세상에서 글을 써서 먹고 살겠다고, 좋은 시와 소설을 꿈꾸고 있는 사람의 영혼을 한심한 영혼이라고 지칭한 것이다. 문학이라는 행위가 현실적으로는 한심할지라도 세계의 따뜻함을 위한 거름이 될 수 있다는 생각을 빗댄 말이다.

소설 쓰느라고 만년필 쥔 손가락에 굳은살이 단단하게 박이고 부정맥이 생긴 나는 웬 업장[*]이 그렇게도 많아서 한 자식도 아니고 세 자식들을 모두 소설쟁이로 만들었단 말인가. 아, 나의 영혼이야말로 한심한 영혼이 아닐까.

황금 들판 바라보면서 두 손 모아 빈다. 제발 책시장이 살아나고, 그놈들의 글이 저 황금색 들판처럼 풍성해지기를 빈다. 그놈들의 글이 불티처럼 팔리기를 빈다. 아, 세상 물정 제대로 파악 못하고 그렇게 빌고 있는 한심한 내 영혼이여.

---

* 업장(業障) : 삼장(三障)의 하나. 전생에 지은 허물로 이승에서 받는 마장(魔障).

빛 속에 숨은 어둠을 밝히는 아들딸에게

첫새벽에 깨어 일어났다. 아침까지 써주지 않으면 안 되는 원고가 있다. 그것을 나는 '원고 빚'이라고 부르곤 한다. 너희도 평생 원고 빚에 시달리면서 살아야 하겠지. 운명이다. 업(業)이다. 평생 갚아야 할 원고 빚을 떠안고 살아야 하는 운명. 그것을 우리 또래 작가들은 천형(天刑)이라고 말한다. 아비가 지은 전생의 업을 자식들에게까지 물려주다니 아비는 너희들이 짠하다.

창밖이 훤하다. 어둠을 밝히는 가로등 때문이다. 관청에서 내 토굴 앞에 가로등 하나를 세워주었다. 땅거미가 내리면 어김없이 그 가로등이 형광불빛을 퍼뜨리다가 아침 해가 떠오르면 꺼진다.

자동적으로 켜지는 저놈의 등 뒤에 어둠을 감지하는 까만 상자

하나가 달려 있다. 그 까만 상자는 자기의 불빛이 비치지 않는 뒤쪽에 자리해 있다.

세상에 널려 있는 어둠이 작가로 하여금 글을 쓰게 한다. 글을 쓰는 사람들은 세상의 어둠을 읽어내는 눈을 가지지 않으면 안 된다. 또한 그 어둠을 빛으로 승화시키는 의지를 가져야 한다. 더욱 좋은 글을 쓰는 사람은 사람들이 만든 빛 속에 숨은 어둠을 읽어내는 눈을 가져야 한다.

너희가 써내는 소설 한 편 한 편을 볼 때 이 아비의 가슴은 어떤 느낌에 젖어드는지 아느냐? 기분 좋은 음악이 흐르는 분위기 속에서 향긋한 포도주에 맛있는 생선을 먹을 때의 알맞은 취기와 포만감, 무지개 하늘로 붕 날아오르는 듯한 어지러움, 그리고 눈시울 뜨거워지고 울컥하는 목울음 같은 감격…….

'내 아들딸을 작가로 만든 것은 무엇일까' 하고 생각할 때가 있다.

어린 시절 유쾌한 일이 있을 때, 너희는 두 눈이 모두 감기도록 입을 한껏 벌린 채 활짝 웃곤 했다. 그것은 한아름의 흰 꽃묶음이었다. 너희는 아마 그 순백색의 꽃 마음 화폭에다가 너희가 그리고 싶은 꿈을 그려가고 있을 터이다.

세상은 달려가고 있는 지하철이고, 우리는 한 사람 한 사람의 고독한 승객들이다. 하나의 긴 의자에는 일곱 사람이 앉게 되어 있다. 거기 여섯 사람이 앉아 있음에도 불구하고 아무도 자기 옆에 앉으라고 틈새를 내주지 않는다. 선 채로 머리 위에 매달린 손잡이를 잡고 가면 그렇게 가는 대로 가만 놔두는 것이 세상의 인심이다. 내가 앉아 있는 사람들 사이에 엉덩이를 들이밀어야 한다. 그러면 양쪽 사람들이 어찌할 수 없이 엉덩이를 조금씩 옮겨 틈새를 내어준다.

살아간다는 것은 자기 자리를 자기가 차지하고 살아가기이다. 친구 사이, 부부 사이, 부녀와 모자 사이에서도 자기 틈새를 자기가 비비적대어 차지하고 살아야 한다. 작가가 세상 속에서 자리매김을 하는 것도 그와 같고, 우주 속에서 뽑아낸 원소를 가지고 창작하는 작품이란 것도 그와 같다.

내 사랑하는 동림아 강아 강인아, 좋은 작품을 쓰려면 한사코 몸이 건강해야 한다. 내가 늘 두고 쓰는 말이 있다.

"살아 있는 한 글을 써야 하고 글을 쓰는 한 나는 살아 있을 것이다."

작가적인 생명이 있으려면 생물학적인 튼실한 목숨이 선행되어야 한다. 글 쓰는 몸에는 고단백이 필요하다.

나는 늘 유산소 운동을 하고, 마음을 비우고 산책한다. 명랑해지려고 음악에 젖어들고, 쇳과리노 치고 싱노 치고 북이나 상구도 치곤 한다.

글은 평생 동안 쓰는 것이다. 한 해나 두 해 사이에 결판을 내는 작업이 아니다. 작가 생활은 마라톤이다. 작가는 자라지 않는 나무여서는 안 된다. 쌓여가는 나이에 알맞게 성숙한 작품을 써야 하고, 독자와 세상과 함께 늙어가야 한다. 늙어간다는 것은 몸 속에 지혜의 사리가 앙금지는 것이다.

열악한 문학시장에서 분투하는, 사랑하는 내 아들딸아, 다른 작가들과 자기를 비교하지 마라. 그들이 내놓은 좋은 작품들을 부러움 없는 마음으로 칭찬해주어라. 그리고 자기도 자기 나름의 좋은 작품을 내놓으면 되는 것이다.

세상이 만일 장미꽃만으로 가득 찬다면 얼마나 지긋지긋하겠느냐. 살구꽃, 호박꽃, 개망초꽃, 할미꽃, 오랑캐꽃도 있어야 한다. 나는 틀림없이 향기로운 꽃으로 우주 한복판에 장식될 것이라는 자부심과 꿈을 가지고 한사코 너희의 꽃 피우기에 신명을 다하거라.

곡두새벽에 아비가.

우주의 율동에 따라 살아라
─도시에 사는 아들딸에게

➤ 불타오르는 듯한 산의 진달래와 토굴 주위의 난만하던 철쭉들이 지고 나니 연못의 자색 수련꽃이 하루 30여 송이씩 벌어진다.

수련은 우주의 생체시계이다. 아침 해가 뜨고 훈훈한 기운이 돌면 꽃잎이 벌어지기 시작하였다가 한낮에 만개한다. 그리고 오후 2시 반쯤부터 오므라지기 시작하여 5시가 가까워지면 꽃잎을 볼 수 없도록 겉껍질을 닫아버린다. 날이 어두워지면 깊이 잠들었다가 이튿날 아침 7시쯤부터 겉껍질을 벌리기 시작한다.

간밤 내내 취피람새와 소쩍새가 경연이라도 하듯이 노래해댔는데 치자색의 아침 햇살에 물든 마당으로 나서니 아카시아향이

콧속으로 스며든다.

황달이 들기 시작하는 보리밭 옆의 못자리논과 무논에서는 개구리들이 합창을 한다. 찔레꽃들이 흐드러진 산언덕 아래에 있는 독거노인의 닭 우리에서는 암탉이 알을 낳았다고 호들갑을 떨어대고, 수탉이 두 날개를 치면서 하늘을 향해 목청 높여 자기 존재를 선언하고 대밭에서는 황소뿔 같은 죽순들이 올라온다.

5월이다. 앞산에 뒷산에 싱그러운 신록들이 꿈틀거린다.

좋은 음식을 보면 부모님과 아들딸이 생각나고 술을 보면 벗이 생각나기 마련이다. 나는 자연의 새 얼굴 새 몸짓 새 소리 새 향기를 대하면 도시에 사는 아들딸들이 떠오른다. 새로 나타난 그 세상을 나 혼자 보기 아깝기 때문이다.

글 쓰는 사람들이 놓치지 않아야 하는 것이 우주의 율동이다. 비가시적인 파도인 그 율동을 가장 민감하게 드러내는 것은 자연이다.

사람들은 자기들이 만들어놓은 도시와 제도 속에 갇혀 사는 데 길들어 있어서 우주의 율동에 둔감해지기 마련이다.

지난해 이른 봄에 문안 인사차 들른 소설가 이청준 형이 너희 할머니에게 "요즘 어떻게 지내십니까?" 하고 여쭙자 네 할머니는 이렇게 말했었다. "요즘 마른나무에 물오르는 소리를 들어요."

90대 초반인 너희 할머니의 말을 듣는 순간 나는 깜짝 놀랐다. 그 말씀은 당신이 우주의 율동에 따라 살고 있다는 것 아닌가. 그 우주의 율동대로 사는 것이 90세 넘도록 오래 살고 계시는 이유 아닐까.

이후 나는 자연의 몸짓이나 숨결에 동화되어 살려고 노력한다. 우주 율동의 단초를 늘 너희 할머니에게서 찾곤 한다. 가령, 너희 할머니께서 식후에 신 김칫국물을 몇 모금씩 마시곤 하는 것을 보고 나는 그대로 따라했다. 그랬더니 식체가 없어졌다.

나는 지네에게서도 배운다.

보통 때는 한밤중에 출몰하던 지네가 초저녁이나 아침에 갑자기 나타나는 경우가 있다. 그 무엄한 놈을 잡아 유리병 속에 가두고 난 얼마쯤 뒤에는 비가 오기 마련이다. 물을 싫어하는 그놈들은 기상 예보를 듣지 않고도 비가 올 것임을 예감하고 내 토굴 안으로 대피하는 것이다.

남아시아 지진 해일 때에 쥐나 원숭이나 벌레들은 모두 미리 산으로 대피했으므로 무사했다고 하지 않더냐.

소설가는 우주의 율동에 민감해야 한다. 인간의 몸과 마음은 우주의 율동에 따라 살지 않으면 안 된다. 우주의 율동은 질서인 것이고 순리인 것이다. 말하자면 그것은 우주의 결이고 무늬이다.

모든 것은 하나로 귀착되는데 그 하나는 어디로 돌아가야 하느냐. 선승들은 이렇게 묻곤 한다. 대답은 간단하다. 우리 삶이 우주의 율동에 따라야 한다면 우리가 쓰는 소설 문상 하나하나노 그 율동에 따라야 한다.

나의 슬픈 뿌리 이야기

〜✕ 내 어머니는 돋보기 안경을 끼고 내가 쓴 소설들을 다 읽으셨다. 나는 어머니께서 읽으실 것을 생각하며 가능하면 쉽고 재미있게 열심히 썼다. 책이 한 권씩 나올 때마다 가져다드리면서 "당신 아들이 쓴 것입니다" 하고 말씀 드리면 어머니는 책을 쓰다듬으시면서 중얼거렸다.

"나같이 복 많은 사람은 이 세상에 없을 거다."

서너 해 전까지만 해도 어머니는 손가락 끝으로 글자 하나하나를 짚어가면서 읽곤 하셨다. 내가 쓴 칼럼도 읽고 수필도 읽으셨다.

서포 김만중은 자기 어머니에게 읽히기 위해 소설을 썼다고 한다. 서포의 생각도 나처럼 그러했을지 모른다.

그런데 이번에 쓴 소설 《초의》를 가지고 가서 내밀며 "당신 아들이 쓴 것이오" 했더니 슬픈 표정을 지으며 고개를 저으셨다.

"돋보기 쓰고 봐도 안 보여서 못 읽겠다."

내 깊은 속에서 뜨거운 물결이 일어났다.

어머니는 손바닥만한 화경을 붙이고 보려고 해보았지만 어지러워 읽지 못하겠다고 말했다. 내가 드린 책을 머리맡에 소중하게 놓아두기만 하셨다.

그것을 읽으려 하시지 않는다고 아들이 혹시 서운해 할까 봐 어머니는 "신문도 큰 글씨들만 보인단 말이다" 하고 덧붙이셨다.

그래도 당신이 해오던 수필만은 계속했다. 당신의 수필이란 것은 특이한 것이다. 그야말로 붓 가는 대로 쓰시는 것이다. 전에는 볼펜을 가지고 하셨는데 이제는 사인펜을 가지고 하신다.

종이는 새 것을 사다 드리지 않아도 된다. 달력 뒷면에다가 쓰기도 하고, 내가 프린트하고 난 이면지를 달라고 해서 쓰기도 하고, 잡지사나 신문사에서 심사를 의뢰하면서 보내온 복사된 작품 뒷면에다가 쓰기도 하신다.

아들을 따라 율산마을로 오신 이래 계속해서 쓰고 계신다. 쓴 것을 방구석에다가 쌓아놓으신다. 당신의 어린 시절 이야기를 쓰시고, 시집살이 하던 때의 이야기를 쓰시고, 당신의 이럽던 살림살이 이야기를 쓰시고, 만년 들어서의 외로움을 쓰시고, 당신 아들딸의 앞날을 기원하는 기도문들을 쓰시고, 세상에 일어난 여러 가지 사건들에 대한 평을 쓰시고, 종교나 문화에 대한 이야기를 쓰시고, 소설가인 아들의 잘잘못에 대해서도 비평하신다.

하루 세 차례 밥을 먹으려고 어머니 계시는 집으로 내려갈 때마다 나는 어머니의 방에 들어가서 문안을 드린다. 그때 어머니는 주무시고 계시거나 개다리소반에 종이를 펴놓고 수필을 하고 계시거나 하신다.

방문을 열고 들어가면서 나는 늘 "뭐하고 계십니까?" 하고 묻곤 한다.

어머니는 어색해 하시면서 "항상 하는 것……" 하고 말씀하시며 배시시 웃으신다.

"소설가 아들보다 훨씬 더 열심히 하시네요."

내가 농을 하면 어머니는 "나는 참말로 좋은 것 하고 있어야. 다른 노인들은 밤에 잠이 안 오면 그냥 미친단다. 그런디 나는 이 수필만 하면은 시간 가는 줄을 몰라야" 하고 말씀하신다.

'아하, 위대한 나의 뿌리. 내가 잘나서 소설가 노릇을 하고 사는 줄 알았는데 사실은 저 늙으신 육신과 영혼 속에 내 소설의 요소들이 다 들어 있었구나.' 이렇게 속으로 중얼거리면서 슬픈 눈으로 암자주색 저승꽃이 지천으로 널려 있는 주름살 깊은 어머니의 얼굴을 바라본다.

어머니가 쓰신 수필들을 나는 지금 열어보려 하지 않는다. 먼 훗날, 어느 날 밤에 주무시겠다고 방에 들어가신 이튿날 아침 "진지 잡수십시오" 하며 문을 열어보니 어디론가 훨훨 날아가버리고 계시지 않을 때 당신의 소망대로 다비를 해 보내드린 다음에 한 장 한 장 열어볼 것이다.

어머니의 힘

➤ 장마가 끝나고 무더위가 계속된다. 마당에는 뙤약볕이 쏟아진다. 감나무에서는 매미가 울고 뒷산에서는 뻐꾹새가 운다. 감나무 그늘 밑의 평상에 앉아서 연꽃잎 같은 섬들이 빙 둘려 있는 바다를 내려다본다.

그 바다에서 힘을 받는다.

내가 장흥 바닷가로 이사 온 것은 늘 바다로부터 힘을 받기 위해서이다. 나는 쇠고기, 돼지고기, 개고기를 좋아하지 않고, 바다에서 나는 바지락, 석화, 숭어, 농어, 도미, 전어, 우럭, 김, 미역들을 주로 먹는다. 바다는 나에게 또 다른 어머니이다.

자라는 아이들에게 어머니가 얼마나 대단한 존재인가.

딸이 외손자를 데리고 와서 율산마을에 머물 때 나는 외손자하고 놀면서 그놈 하는 짓들을 유심히 살피곤 한다.

올해 여섯 살 난 외손자 새벽이는 제 어머니가 옆에 있을 때와 그렇지 않을 때의 모습이나 행동이 판이하다.

"도서관에 갔다가 올게, 외할머니 외할아버지하고 같이 점심 먹고 놀고 있어라" 하고 제 어머니가 사라지면 그때부터 새벽이는 외할머니 가슴을 파고들기도 하고 치맛자락을 잡고 따라다닌다.

외할머니의 말을 고분고분 잘 듣고, 낮에 자다 깨서도 울지 않고, 밥투정도 하지 않는다. 혼자서 화장실에 가서 오줌을 누고 외출할 때엔 혼자서 신을 신는다.

한데 저녁에 제 어머니가 돌아온 다음부터는 모든 것이 표변한다. 외할머니나 외할아버지의 목을 두 팔로 감고 잡아당기고 어깨를 타고 올라가려 하고 사정없이 떠밀어댄다. 성난 얼굴을 하고 때리기도 한다. 감추어져 있던 기가 살아나는 것이고, 악동이 되는 것이다. 제 어머니가 못된 짓을 한다고 꾸짖는데도 불구하고 콧바람을 식식 불면서 힘을 써대는 것이다.

어린 시절 나도 그랬다.

초등학교 때 동네의 한 집에 초상이 나거나 혼사로 인해서 잔치가 벌어지면, 음식 솜씨 좋은 어머니가 그 집의 부엌일을 해주러 가곤 했다. 학교가 파하자마자 나는 책가방을 내던지고 그 잔칫집으로 달려갔다.

차일을 친 마당 안에는 손님들로 북적거렸다. 어머니는 부엌에서 고깃국 푸는 일을 맡아했다. 헐레벌떡 어머니 옆으로 달려가면 어머니가 사발에다 흰 쌀밥을 푸고, 두부와 쇠고기 떠다니는 국을 듬뿍 부어 부뚜막에 놓고 숟가락을 꽂아주었다.

"엎히지 않게 얼른 먹고 나가거라."

어린 나는 콧물을 훌쭉거리며 부뚜막 앞에 앉아 국밥을 먹었다. 아주머니들이 똑똑하게 잘생겼다고 머리를 쓰다듬어주었다.

밥을 배부르게 먹고 나가서는 아이들하고 장난을 쳤다. 괜히 신명이 났다. 그래야 할 까닭이 없음에도 불구하고 만만한 아이의 등을 철썩 때리고는 달아났고, 등을 맞은 아이는 장난을 건 나를 쫓아왔다. 나에게 등을 맞은 아이는 부엌에서 상차림을 돕는 여자의 아들이었다. 우리는 북적거리는 손님들의 틈바구니와 뒤란 언덕과 옆집의 윷놀이판 근처와 짚더미 주변을 맴돌면서 쫓고 쫓기는 신명나는 놀이를 했다. 근처에 얼씬거리던 아이들이 하나둘씩 우리들의 장난에 가세했다. 그들도 모두 잔칫집에서 음식 일을 보거나 상복 일을 보는 여자들의 아들딸들이었다. 쫓고 쫓기다가 가끔 어른들과 부딪치곤 하는데 어른들은 "이 아이들이 뭔 일이라냐!?" 하고 신경질을 내기도 하고 "사장 마당으로 가서 놀아라!" 하고 꾸짖기도 했다. 그렇지만 우리는 하필 손님들 북적거리는 틈바구니에서 장난질을 쳤다. 그러면서 우리는 허리와 몸통을 비틀어가며 소리 높여 웃어댔다. 모두 다 걸척이 났다.

한데 그 장난에 가세하지 않고 잔칫집 마당가를 배회하는 아이가 있었다. 오래 전에 어머니가 죽고 없는 아이였다. 그 아이는 자기보다 몸이 작은 아이들에게도 얻어맞곤 했고, 학교에 오가면서 다른 아이들의 책보자기를 들어다주곤 했다. 땀을 뻘뻘 흘리면서 다른 아이들의 책보자기를 세 개나 들고 오갈 때도 있었다. 아이들은 그 아이를 때리고 부리고 괴롭히는 것을 즐겼다.

내 나이 고희를 바라보는 지금도 나는 90대의 어머니에게서 힘을 얻곤 한다. 어머니는 허리가 기역자로 꼬부라지셨지만 혈압, 당뇨, 소화기관, 심장, 폐 모두가 정상이다. 감기도 앓지 않고 해수기(咳嗽氣)도 치매도 없다. 기억력이 조금도 손상되지 않았다.

나는 늘 감기를 앓기도 하고 부정맥으로 고생을 하기도 한다. 그때 나에게 위안이 되는 것은 어머니의 장수이다. 어머니는 아마 백수를 하시리라 생각한다. 딸은 아버지 체질을 닮고 아들은 어머니 체질을 닮는다고 하니까 나는 어머니를 닮았으므로 최소한 80 안에는 죽지 않을 것이다. 내가 나의 이런저런 아픔에 겁먹지 않고 글을 꾸준히 쓸 수 있는 것은 어머니의 꿋꿋한 힘 때문이나. '어머니'는 우주 시원의 바나의 나른 이틈이다.

짐꾼 이야기

✈ 죽음을 무릅쓰고 지구상에서 가장 높은 눈 덮인 산의 최고봉에 오르고 난 산악인이 말했다.

"내가 그 자리에 올라설 수 있었던 것은 내 짐을 짊어지고 뒤따라와준 이곳 원주민 짐꾼들의 덕분입니다. 그들에게 이 공적을 돌리고 싶습니다."

많은 것들을 생각하게 하는 말이었다.

커다란 영광을 안은 사람들 대부분은 자기를 도와준 짐꾼들을 들먹거리지도 않는다. 자기가 짐꾼들을 이용했음을 창피하게 여기고 숨기려 한다. 그 어느 누구의 도움도 없이 혼자 이룩한 듯 군림하려고 든다.

그것은 배반이다.

세상에 이러한 우스갯소리가 떠돈다. 대개의 남자들은 옹색하던 시절을 통과한 다음 팔자가 늘어지면 맨 먼저 자동차를 바꾸고 좀더 늘어지면 집을 바꾸고 더욱더 넉넉하게 늘어지면 늙어 별볼일 없어진 아내를 바꾼다고.

자기 짐을 짊어져준 짐꾼을 재빨리 과감하게 배반할 줄 아는 사람이 오히려 더 잘 산다고 알려져 있다.

'검은 머리 돋은 짐승은 거두지 말라' 는 슬픈 경구가 있다. '검은 머리 돋은 짐승' 이란 사람을 두고 이르는 말이다. 사람이 배반을 잘하는 동물이므로 거두어봐야 배반을 당하게 된다는 것이다. 인간이 인간에게서 절망을 느낀 결과 생긴 비관적이고 부정적인 말이다.

배반감은 기대감과 정비례한다. 그 사람에 대한 기대가 크면 클수록 배신감도 클 수밖에.

사람은 자기가 키운 짐승에게서도 배반을 느낀다. 가령 키우던 개나 수탉이 주인이나 주인의 가족을 물어뜯고 쪼는 것은 가장 무서운 배반이다. 우리는 배반을 당하고 나서 말한다.

"호랑이 새끼를 키웠네."

사람들은 결혼하여 아들딸을 낳아 키우고 가르치고 시집보내고 장가보내고 집 사서 분가시킨다. 자기 부모에게서 받은 은혜를 자기 아들딸에게 돌려주는 것이다.

어버이들이 자식들에게서 가장 큰 배반감을 느끼는 말은 이것이다. "뭣하려고 나를 낳았어요?"

산아제한이 없어, 자식을 10남매까지도 낳던 시절에는, 자기 부모가 낳아놓기만 했을 뿐 키우고 가르칠 능력이 없을 경우 먼저 나온 형이나 누나가 운명적으로 어린 동생들을 짐으로 짊어질 수밖에 없었다. 그와 같은 운명의 짐을 짊어지고 살아온 것은 나뿐이 아니다. 나와 비슷한 세대 사람들이 다 그랬다.

그런데 나의 짐꾼은 누구인가. 나의 짐을 나 대신 짊어지고 여기까지 뒤따라와준 짐꾼은 헤아릴 수 없이 많다.

첫째 짐꾼은 아버지 어머니이시다. 그분들은 나를 낳으시고 키우시고 가르치시고 결혼을 시키셨다. 두 번째 짐꾼은 나를 가르쳐준 수많은 선생님들이시다. 한문을 가르치신 할아버지에서부터 소설을 가르치신 동리 선생에 이르기까지.

세 번째 짐꾼은 아내이다. 나는 아버지 어머니로부터 이렇다 할 유산을 받지 못한 채 덩치 큰 동생들의 살림살이를 거듭 도와주고 아들딸 나이인 동생들 셋을 키우고 교육시키고 시집 장가보내고 분가시켜야 했다. 막내에게는 아파트를 사주기도 했다. 그러느라고 나는 늘 빚을 지면서 살았다. 아내는 나의 그 짐들을 함께 짊어진데다가 한승원이라는 짐을 하나 더 얹어 지고 여기까지 나를 뒤따라왔다.

나는 글 쓰는 일밖엔 할 줄 모르기 때문에 죽으나 사나 글을 써서 얻은 재화로 나에게 부여된 짐을 지고 걸어왔다. 그 짐 짊어진 채 길바닥에서 지쳐 좌절하고 절망하는 나를 부축해주고 다시 일어서게 해준 아내가 없었다면 지금의 내가 있을 수 있었을까.

네 번째로 내 짐을 짊어져다준 짐꾼은 나의 책을 읽어준 독자들이다. 독자들이 없었다면 내게 부여된 그 많은 짐을 짊어진 채 걸어올 수 있었을까.

그밖에도 고달프고 외로울 때 술 사주고 밥 사주면서 위로해준 벗들이 있고, 내 미망의 눈을 뜨게 해준 책 속의 성인들이 있고, 새 에너지를 공급해준 햇빛과 달빛과 별빛과 공기가 있고, 숲이 있고, 바다가 있고, 강이 있고, 동물과 새와 벌레들이 있고, 바람과 안개와 비가 있다.

나는 지금, 가장 현실적인 짐꾼인 어머니와 아내, 내 글을 읽어주는 독자들, 그리고 우주와 더불어 장흥 바닷가에서 살고 있다. 어머니는 금년에 91세이시고 아내는 예순다섯 살이다. 동생들은 다 떠나가서 살고 우리 부부가 낳은 자식들도 모두 서울에서 산다.

나를 있게 한 짐꾼들 가운데 어느 쪽이 더 귀하고 어느 쪽이 덜 귀할까. 나는 그 어느 쪽도 가벼이 여기거나 배반할 수 없다. 죽는 날까지 그들에게서 받은 은혜 혹은 부채 갚기를 하지 않으면 안 된다.

나도 운명적으로 짐꾼 노릇을 하지 않을 수 없었다. 등에 진 짐을 떨어뜨리지 않고 주저앉지 않기 위해 피땀 흘리며 몸부림쳤다. 따지고 보면 그 분투가 오늘의 나를 만들었을 터이므로, 나로 하여금 짐꾼 노릇을 하게 한 나의 짐들에게 오히려 고마워한다.

한데 서글픈 일이 가끔 일어난다. "당신은 왜 어느 한 짐꾼 편만 드십니까?" 하고 나에게 공박하는 사람이 있다. 한쪽 짐꾼 편만 드느라고 다른 한쪽 짐꾼에게는 배반하고 있지 않느냐는 말이다.

사랑을 따르자니 님이 울고 님을 따르자니 사랑이 우는데, 내 어찌 어느 한쪽만을 편들고 살 수 있는가. 태양빛이 그러하듯이 고루 비추어주며 살아야 하지 않는가.

이 글을 읽고 계시는 당신, 당신도 그 어느 한쪽 짐꾼을 감히 배반하지 못한 채 사시고 계시겠지요.

그 여자의 업보와 운명

➤　언제인가 그 여자는 나에게 자기의 유년
시절에 있었던 사건 하나를 이야기했다.

"화창하게 맑은 날 한낮쯤에 앞산 소나무 숲속으로 낙엽을 긁
으러 갔어요. 쇠갈퀴하고 멱서리를 가지고, 어른 나무꾼들을 따
라서. 아마 내가 여섯 살 되던 해의 늦은 가을이었을 거예요. 멱
서리를 무덤 앞에 놓아두고 숲속에 들어가서 낙엽을 한 줌씩 긁
어가지고 와서 멱서리에다 담곤 했지요. 낙엽이 멱서리 시울까지
차올라왔을 때 그것을 머리에 이고 집으로 돌아왔어요. 그런데
그 낙엽 담은 멱서리가 얼마나 무거웠던지 끙끙 안간힘을 쓰고
땀을 뻘뻘 흘리면서 왔어요. 우리 집 사립에 막 들어서니까어머
니가 '아이고 내 새끼! 땔나무 많이 해오는 것 좀 보소!' 하고는 그

멱서리를 받아들었어요. '아니, 갈퀴나무 조금 담은 멱서리가 어째 이리도 무겁다냐?' 하고 고개를 갸웃거리면서, 그 멱서리를 부엌으로 가지고 가더니 낙엽을 나무청에 쏟았어요. 그때 멱서리의 낙엽 속에서 웬 주먹만 한 돌덩이들 열한 개가 나무청 바닥으로 떨어진 것이었어요. 어머니가 '그러면 그렇지!' 하고, 멱서리를 땅바닥에 내동댕이치고는 부엌 바닥에 주저앉으면서 소리를 지르셨어요. '아이고! 어떤 못된 것이 이렇게 심술을 부렸다냐!' 어머니는 나무청 바닥에 떨어져 있는 돌덩이들을 멱서리에 주워 담더니 골목길 한쪽에다가 버리셨어요. 그것도 그냥 버리는 것만으로는 분이 풀리지 않았던지, 큰 돌덩이 하나를 집어들어 다른 돌덩이들을 콱콱 쪼아대고, 발바닥으로 으깨버릴 듯이 밟아대고, 그것들을 향해 퉤퉤 침을 뱉고, '아이고, 이 죄되어 자빠질 사람! 하고 저주의 말을 퍼부으셨어요. 그러고는 나한테로 오시더니, 내 머리꽁지를 어루만져주고, 목덜미와 팔과 다리를 주물러주면서 '아이고 아이고, 얼마나 무겁더냐! 그 못된 것들 쯧쯧쯧……' 이러셨어요."

그 이야기를 듣고 나서 나는 허허허허 하고 웃었다. 그러다가 웃음을 그치고 진저리를 쳤다. 자기의 낙엽 담은 멱서리 속에 누군가가 돌덩이 열한 개를 넣어놓은 줄도 모르고, 그 무거운 것을 머리에 인 채 땀을 흘리며 가고 있는 어린 계집아이의 모습이 머리와 가슴속 깊은 곳에 아프게 각인되고 있었다.

나는 중얼거렸다. '업보와 운명이다. 남편과 시어머니까지 합하면 모두 열하나이지 않은가.'

그 여자의 아버지와 어머니는 하나뿐인 딸을 장남에게 시집보내지 않으려고 무진 애를 썼다. 자기네 귀한 딸이 한 집안의 무거운 살림살이를 짊어지지 않게 하려는 것이었다. 이 땅의 가난한 집의 장남들과 그 장남에게로 시집온 큰며느리들은 아버지 어머니가 해오던 넉넉지 못한 살림살이를 고스란히 넘겨받아야 하고, 밑에 딸린 모든 동생들을 키우고 성혼시키고 분가시켜야 하고, 조상의 제사를 지내야 하므로 죽는 날까지 짓무른 손밑 마를 날이 없고, 모두 뜯기고 빼앗겨 누더기를 걸친 채 거친 음식을 먹으며 살아야 하는 것이었다.

그 여자의 어머니와 아버지는 팔방으로 애를 쓴 나머지 한 집안의 둘째 아들을 그 여자의 남편감으로 택했다.

그런데 그분들의 그러한 노력은 허사가 되고 말았다.

그 여자가 그 둘째 아들과 결혼식을 치른 지 두 해 뒤에, 그 여자의 시아버지가 돌아가셨다. 그러자 맏아들인 그 여자의 시숙이 동생들 떠맡기를 거부하고 자기 아내와 아들 셋만을 데리고 분가를 해버렸다.

그리하여 그 무거운 짐을 둘째 아들과 그 여자가 떠맡아 짊어진 것이었다. 둘째 아들에게 시집온 그 여자는 뜻밖에 큰며느리 노릇을 하지 않을 수 없었다. 그 여자의 '먹서리' 속에 알 수 없는 어떤 귀신인가가 이제야말로 정말 힘에 버거운 돌덩이들을 넣어놓은 것이었다.

시동생들 다 키워 시집 장가보낸 다음 분가시키고 집 사주고……. 어떤 귀신이 심술부리듯이 짐 속에 넣어놓은 그 돌덩이가 무거운 줄도 모르고, "아이고, 네가 일등이다. 최고다" 하는 주위 사람들의 칭찬 몇 움큼에 어지러움을 느끼고 실눈을 해가지고 웃으며 앞장서서 집안일을 떠맡아 하곤 한 그 여자.

젊은 시절 내내 플라스틱 슬리퍼와 싸구려 옷을 면하지 못하고, 시장에 나가도 자기 먹고 싶은 자장면 한 그릇 사먹지 못하고, 좋아하는 고등어 한 마리도 마음 놓고 사다가 가족들과 더불어 지지고 볶아먹지 못한 그 여자.

그 여자가 지금의 내 늙은 아내이다.

생선 구해오는 늙은 아내

　　➤　광주에 나가서 후배나 제자들과 저녁을 함께 하다가 막차를 놓치게 되면 장흥 안양의 내 단골 택시를 부른다.

　내 전화를 받자마자 그 택시기사는 한 시간 20분 만에 달려와서 나를 장흥 바닷가 토굴까지 데려다준다. 그 후배 기사가 운전을 하는 한 나는 뒷좌석에서 만사를 잊어버리고 잠을 잔다. 내가 그의 차에 타는 한 그는 한사코 과속을 하지 않고 안전하게 운전을 한다. 신뢰라는 그물은 사람을 아주 편안하게 한다.

　그 택시비 가지면 광주의 깨끗한 모텔에서 자고 이튿날 버스로 천천히 돌아올 수 있고, 그러한 이유라면 후배나 제자들하고 더 오랜 시간 동안 술과 담소를 즐길 수 있을 터이다.

그럼에도 불구하고 나는 밤 1시쯤에 먼 길을 택시로 돌아오곤
하는 것이다. 늙은 아내가 아직 잠들지 않고 텔레비전을 켜놓은
채 내가 돌아오기를 기다리고 있는 까닭이다.

아내는 아랫마을 살림집에 여섯 평짜리 널찍한 침실이 있지만,
밤이면 기어이 토굴의 두 평짜리 비좁은 침실로 와서 남편하고
더불어 자려고 든다. 대숲 밑에 있는 토굴에는 가뜩이나 지네가
들끓는다. 여름 한 철 동안 아내는 지네한테 한두 번쯤은 물리곤
한다.

늙었지만, 과부라는 말을 듣지 않으려고 한사코 남편과 함께 밤
잠을 자러 올라오는 것일 터이다. 아니 그 이상의 어떤 것인가가
있어서 그럴 터이다. 40년 동안 코에 익숙해진 서로의 체취를 맡
으며 잠든다는 것, 서로의 코고는 소리나 새근거리는 숨결소리를
들으며 잔다는 것, 아픈 허리에 지압을 해준다는 것, 등을 긁어준
다는 것, 지네에 물린 자리에 스킨로션을 발라준다는 것, 이웃 아
주머니들과 화투를 쳐서 돈 일이천 원 잃었다는 이야기를 들어준
다는 것…….

그러한 늙은 아내가 혼자 토굴 침실에서 잠들게 해놓은 채 내가
광주의 한 모텔에 들어가 잠잘 수는 없는 것이다.

진즉 저 세상으로 간 밀양의 내 친구는 이런 이야기를 했었다.
"여편네가 젊어서는 안 그러더니, 늙어가면서는 코를 드르렁드르

렁 곯곤 한단 말이다. 그 사람이 코를 곯아대면 짜증이 나서 코를
확 비틀어버리고 싶은 충동이 일 지경이야. 그랬는데, 친정에 오
라버니 제사를 지내러 가고 없는 날 밤 그 사람의 코고는 소리가
들리지 않자 영 잠이 안 오는 거야. 그래 소주를 한 병 마시고 얼
근하게 취한 다음 겨우 잠이 들었어."

한밤중에 5만 원짜리 택시를 타고 달려온 나는 늙은 아내의 체
취 가득한 방 안에서 잠이 든다.

이튿날 일어나보면 아내는 없다. 새벽 어두컴컴할 때에 일어나
3킬로미터쯤 떨어진 장재도 포구까지 걷는 운동을 하러 간 것이
다. 사실은 싱싱한 바닷고기를 사러 간다.

얼마 전에, 그 사람의 부실한 무릎을 걱정하며, 충격을 충분히
흡수할 수 있는 발바닥 푹신거리는 운동화 한 켤레를 사주었더니
그 값을 하느라 그러는 것이다.

서울을 버리고 이 바닷가 토굴로 이사를 온 이래 나는, 식후에
향기로운 차 마시는 재미, 가끔씩 싱싱한 회에 포도주 한두 잔씩
마시는 재미, 청탁 원고 쓰는 재미로 산다.

아내는 육고기 몇 점을 먹기만 하면 속 불편해 하는 남편을 위
하여 자기의 무릎 아픔을 무릅쓰고 생선을 구해 나르는 것이다.
숭어나 장어나 민어나 도미나 병어 따위를. 어떤 날 아침은 회로
먹고 어떤 날 아침은 구워서 먹고 또 국 끓여 먹는다. 생선 물회를

좋아하시는 91세의 노모는 며느리의 봉양을 흐뭇해 하시고 즐기
신다.

노모는 아직도 이가 성하시어 게장을 아주 좋아하신다. 오도독
오도독 씹어 잡수시는 소리는 경쾌하고, 일정한 리듬을 가지고
있다. 게장이 한 끼만 밥상에 오르지 않으면 노모는 "그것 떨어졌
냐?" 하고 물으신다.

아내는 무릎이 부실하면서도 갯벌 밭으로 게를 잡으러 가곤 한
다. 노모께서 깊은 바다에서 잡히는 큰 게는 싫어하고, 며느리가
갯벌 밭에서 잡아오는 자잘한 게들을 좋아하므로.

자궁과 자궁의 싸움

⤙　아침밥을 잡수시다가 말고 노모가 몸을 일으켰다. 허리가 기역자로 꼬부라진데다 점차 체구가 작아져가고 있고 얼굴 살갗에 암자주색의 저승꽃이 지천으로 널려 있는 나의 껍질.

화장실에 가시려나 보다 하고 노모의 뒷모습을 흘긋 바라보는데, 노모는 현관문 앞으로 주춤주춤 걸어가고 있었다.

"진지 드시다 말고 어디 가십니까?"

내 물음에 노모는 뒤도 돌아보지 않고 한 손에 들고 있는 것을 가로로 흔들어 보이셨다.

아내가 나에게 귀띔을 했다.

"살코기 발라놓고 옆집 고양이한테 뼈다귀 가져다주시려

고……."

얼마쯤 뒤에 노모는 숨을 가쁘게 쉬며 돌아오셨다. 밥상 앞에 앉으시기를 기다렸다가 내가 말했다.

"진지 다 잡수신 다음에 가져다주어도 될 터인데 진지 잡수시다가 말고……."

노모가 말했다.

"그 늙은 년이 어디다가 새끼를 낳았는지 배는 철골*이 되어서 나만 보면 뭣을 조깐 달라고 야옹거리고……. 새끼들한테 젖을 뜯기기만 하고 잘 먹들 못한께 털이 꺼칠해져갖고 하두 딱하고 불쌍해서……."

늘그막에 새끼를 낳은 고양이의 정상을 생각하니 밥이 넘어가지 않는다는 것이었다.

"사람이나 짐승이나 노산(老産)은 다 불쌍하고 짠해야."

노모가 말을 마친 이후, 예순일곱 살의 아들, 그보다 두 살 아래인 며느리는 말없이 아침밥을 먹었다. 노모는 가난하던 시절, 쉰을 바라보는 나이에 막내딸을 낳으셨던 것이다.

내 아들 동림이와 딸 강이가 각 신문사에서 해마다 치르는 신춘

---

* 철골(徹骨) : 몸이 야위어 뼈만 앙상한 모양을 이르는 말.

문예 소설 부문에 응모하고 어쩌고 하던 때 아내는 긴장해 있었다. 마치 자기가 거기 도전하고 있기라도 하는 양.

아내는 약혼 시절부터 결혼한 뒤에까지 남편인 내가 신춘문예 등단을 위해 애쓰던 것을 옆에서 지켜본 경험이 있는 여자이다.

아내는 자기 아들딸의 실력을 은근히 믿고 있었다. 그들이 응모하던 첫해부터 당선을 기대하는 눈치였다. 한데 응모 첫해 아들과 딸은 낙선되었고, 아내는 정작 본인들보다 더 크게 실망하고 맥이 빠져 있었다.

그것을 알아차린 노모가 아내에게 해서는 안 되는 말을 불쑥 퉁명스럽게 뱉었다.

"그런 아들을 다 낳는 줄 아냐?"

그 말을 들은 아내는 무척 섭섭했을 터이지만 노모의 말을 못들은 체해버렸다.

한 해 뒤에 딸이 신춘문예 관문을 먼저 통과하고(1994년), 그 다음 해에 아들이 또 통과했다(1995년). 그리고 여기저기 작품들을 발표하기 시작했다. 아내는 어느 날 얼굴에 웃음을 가득 담은 채 나에게 농담을 했다.

"나는 소설 공장 공장장이오."

한 집안에 소실가가 셋이므로 그렇게 말할 만하냐고 나는 소저럼 웃었다.

어느 날 나는 술이 얼근해졌을 때 아내에게 웃으면서 말했다.

"당신은 왜 어머니한테 말 못하나? '어머니는 아들 하나만 소설가로 만들었지만 저는 둘이나 만들었소!' 하고."

그렇지만 아직껏 아내는 노모에게 그 말을 하지 않았다.

한데 언제인가부터 노모는 당신의 막내딸에게 화가의 길을 열어주려고 무던히 애를 썼다. 이 해 91세인 노모는 막내딸에게 그림 전람회를 열게 해주고 싶어한다. 이때껏 내가 다달이 드리곤 하는 많지 않은 용돈, 다른 아들딸이 보내오는 용돈을 한 푼도 쓰지 않고 모아두었다가 막내딸에게 보내주곤 하는 것이다.

우리 집안의 고부 간의 자존심 대립은 자궁으로부터 비롯된 것이다. 얼마나 슬프면서도 아름답고 감격적인가.

세상을 환히 밝히는 그 얼굴

✈ 가족을 구성하고 있는 각각의 개체들은 다른 개체에게 무엇일까.

어린 시절에 어머니께서 "사람들이 많이 모여 있는 곳에 갔을 때, 그곳에서 어머니나 아버지나 형제나 아들딸의 얼굴을 대하게 되면 그 장소가 갑자기 환해진다" 하고 말한 적이 있다.

내가 중학생 시절의 어느 겨울에 어머니는 대덕 장에서 김을 팔아 등록금을 내 손에 쥐어주고 나를 장흥읍으로 가는 버스에 태워주었다. 그 뒤 봄방학 때 집에 갔더니 어머니께서 이렇게 말했다.

"그때 장에서 너 버스 타고 갈 때 그 버스 뒷모습이 말도 못하게 예뻐 보이더라."

그 말씀은 나에게 많은 것을 가르쳐주었다.

어린 시절, 어머니는 20리나 떨어진 대덕 장엘 걸어서 갔다 오시곤 했다. 김이나 참깨나 유자 따위를 가지고 가신 어머니는 장에서 고무신도 사오고, 강아지도 사오고, 엿도 사왔다.

여름철의 장날 나는 여느 날보다 더 일찍이 마을 뒤의 한재 고개로 소에게 풀을 뜯기러 갔다. 또래 아이들도 지게를 짊어지거나 소를 끌고 그 고개로 올라갔다. 아이들은 그 고개 한복판에서 소를 놓아둔 채 뛰어 놀았다.

모두들 장에서 돌아오는 어머니를 기다리자는 것이었다.

그때는 내 고향이 섬이었으므로 장꾼들이 나룻배를 타고 건너오곤 하는 까닭에 대여섯 사람씩 무리지어 고개를 넘어오곤 했다.

황혼이 가까웠을 무렵 드디어 어머니가 한 무리의 가운데 섞여 고개를 넘어오고 있었는데, 어머니의 모습을 보는 순간 나는 세상이 전보다 더 환해지는 것을 분명하게 느꼈다.

이후 나는 어른이 된 다음에도 그와 같은 경험을 수없이 많이 했다. 아들딸이 초등학교에 다닐 때, 그 아이들의 학교에서 해마다 열리는 운동회에 가곤 했다. 그때 아들딸이 소속되어 있는 학년이 하는 달리기나 공 던지기나 단체 무용이나 기마전을 구경할 때, 그 학교 운동장이 전보다 더 환히 밝아지고 가슴이 심하게 두근거리는 것을 경험했다.

시집간 누님이 사는 마을은 여느 마을보다 더 정겨워 보이고,

아들딸이 사는 아파트는 다른 아파트보다 더 예쁘고 환해 보이고, 내 아들딸이 타는 승용차의 앞모습 뒷모습은 다른 승용차의 그것보다 더 예뻐 보인다.

아내는 나에게 신선한 야생차를 마시게 하기 위하여 이른 봄에 앞산 숲속과 친구네 대밭에서 가시덩굴과 댓가지에 얼굴을 할퀴며 찻잎을 따오고, 그것을 밤새도록 덖어 말려 보관해놓곤 한다.

아내는 썰물이 졌을 때 여느 동네 아낙들과 더불어 잿빛으로 드러난 앞바다의 갯벌로 가서 석화를 따기도 하고, 꼬막을 잡거나 바지락을 캐기도 한다. 또 어머니가 좋아하는 게를 잡아오기도 한다.

내가 무릎 더 나빠진다고 바다에 나가지 말라고 해도 아내는 갯것을 하기가 재미있고 즐겁기 때문이라면서 기어이 나간다. 자기는 석화를 좋아하지 않으면서도 그것을 남편이 좋아하므로 땀 뻘뻘 흘리며 따가지고 와서 응접실이나 방안에 놓고 주저앉아 장갑 낀 손으로 그것들을 한 개씩 까서 냉장고 안에 갈무리해놓고 나에게 끼니마다 먹이는 것이다.

작가실에서 글을 쓰다가 밖으로 나온 나는 문득 쌍안경으로 아내가 들어 있는 갯벌을 내다보곤 한다. 거기에는 새들처럼 메뚜기처럼 직아 보이는 사람들의 모습이 보인다. 그녀의 사랑과 징성을 안타까워하면서, 움직거리는 그 모습들 가운데서 그녀일지도 모르는 모습을 찾아보곤 한다. 그녀가 갯것을 하고 있어서인 지 그 갯벌은 전과 달리 그윽하고 포근하게 느껴진다. 환하게 느껴진다. 남편에게 있어서 아내는, 아내에게 있어서 남편은, 어머니 아버지에게 있어서 아들딸은, 아들딸에게 있어서 어머니 아버지는, 환한 빛, 환희 그 자체일 터이다.

엄한 아버지와 온유한 아버지

나의 아버지는 엄한 아버지였다. 가부장적인 아버지의 표본쯤 되실 것임에 틀림없는 그 아버지 앞에서는 온 식구들이 고개를 숙이고 벌벌 떨어야 했다. 심지어는 어머니까지도. 만일 출타하셨다가 약주에 취해 들어오시는 날이면 혼날 준비를 단단히 하고 숨을 죽인 채 기다려야 했다.

나는 어린 시절부터 아버지 앞에서는 주눅이 들어서, 그 어떠한 말도 할 수 없었고 시키는 대로 하지 않으면 안 되었다. 독자성은 절대로 인정해주지 않으셨다. 그러면서도 늘 내가 남성답게 성장하기를 바라셨다. 그러나 안에서 주눅 들린 내성적인 순한 아들이 이렇게 밖에 나가서 남성다울 수 있으랴. 아버지 앞에서 그렇게 길들여진 내성적인 나는 동네 다른 어른들에게 겨우 목 속으로 기어들어가는 소리로 말을 우물우물하곤 했다. 학교에서는 바보처럼 잘 울었고, 동무들의 따돌림을 당하고 늘 혼자가 되어 지내는 외롭고 소극적인 아이가 되어버렸다. 동네 사람들은 나를 가리켜 가시내처럼 순하고 말 잘듣는 아이라고 말했다. 그 얼마나 슬픈 말인가.

방학 때 집에 와서 용돈과 학비를 타가지고 갈 때 아버지는 명세서를 세세히 써내라고 했다. 명세서를 써내면 아버지는 무참하게 따지고 가리고 사정없이 깎아버렸다. 그렇게 깎는 것에 대하여 한 마디 항변도 못하고 주는 대로 타가지고 갔다. 적게 주니 적게 쓰는 수밖에. 한데 남들은 어머니께서 몰래 감추어둔 돈을 슬쩍 주기도 한다는데 우리 어머니는 그럴 줄을 몰랐다.

자연 부족한 용돈을 만들어 쓰려고 하다 보니 점심을 굶었고 남은 양식을 팔아서 썼다. 그래도 그렇다는 말을 아버지에게 하지 못했다. 어머니에게도 그 말을 못했다. 어머니에게 말을 하면 어머니께서 당장 아버지에게 말을 해버리므로.

어머니는 시골에서 짜게 살림하기로 소문난 분이었다. 놉*부리기 위해 곡식 퍼다주는 것은 후하면서도, 식구들 입에 들어가는 것은 아끼고 절약하여 그것으로 논밭을 사려 하셨을 정도다.

---

* 놉: 식사를 제공하고 날삯으로 일을 시키는 일꾼. 삯꾼.

장흥읍에서 자취를 하며 학교에 다니던 나는 아버지께 편지로 부족한 용돈을 더 보내줄 것을 탄원하곤 했다.

아버지는 나에게 법 공부를 하라고 누차 말했고, 내가 소설 공부하는 것을 한사코 싫어하셨다. 소설을 좋아한다는 것 자체가 팔자를 이미 구긴 것이라고 여겼다. 늙어갈수록 보수적이었고, 나를 대학에 보내려 하지 않고 당신 옆에 두고 결혼시키고 분가시켜 살림하게 하려고 드셨다.

나는 어느 날 가출을 했다. 그리고 아버지에게 반항하면서 내 길을 가기로 작정했다.

내가 아버지가 되었을 때 나는 엄한 아버지가 되지 않고, 열린 민주적인 아버지가 되어야겠다고 생각했다.

나는 아들딸에게 아비인 내 마음에 합당한 길로 나아가도록 설득하지 않았다. 다만 하나의 희망을 그들에게 말했을 뿐이었다.

"너희 셋 가운데서 어느 한 놈만 소설을 썼으면 좋겠다."

한데 아들과 딸이 국문과엘 갔고 결국 둘 다 소설가가 되었다. 막내아들은 공대를 갔다가 버리고 한동안 만화공부에 빠져 있더니, 만화 줄거리를 손수 만들고 싶다면서 한 문예창작과에 들어갔다. 세 아들딸들이 모두 결혼을 했다. 그들의 결혼 상대를 택하는 데에도 아비 어미의 마음에 드는 이성을 선택하라고 강요하시 않았다. 자기들이 맘에 드는 상대라고 데려오면 좋다고 허락을 했다.

아버지의 보수에 질린 나는 나름대로 개방적인 아버지 노릇을 하고 있다고 생각한다. 어떤 경우에 보면 아비인 내가 아들딸들보다 더 개방적이고, 아들딸들이 오히려 더 보수적인 것을 느낄 때가 있다. 나는 늘 그들의 입장에 서서 생각하곤 한다.

나는 아들딸들에게 아버지로서의 소망을 말한 적이 있다. 돈 벌어다주고 맛있는 것 사다주고 여행 보내주는 것을 바라지 않는다는 것. 아비보다 더 잘하라는 것, 승어부*하는 것이 최고 최대의 효도라는 것.

그러면서도 보수적이고 엄한 내 아버지께서 해주신 말들을 그대로 아들딸에게 전해주곤 한다.

"남에게 도장 함부로 찍어주지 말 일이다. 죽은 나무뿌리에 새긴 것이지만 잘못 판단하고 찍어준 그 도장이 평생 팔자를 망치게 하기도 한다. 계약은 서둘러 하지 말고, 하루쯤 미루었다가 밤새 생각해보고 하거라."

"남의 불을 졸졸 뒤따라가면서 게를 잡으려고 하지 말고 내 불 내가 켜들고 잡아라. 남의 불 뒤따라가면서 게 잡기는 늘 슬플 수밖에 없다."

---

* 승어부(勝於父) : 아버지보다 나음.

늦잠 자는 아들딸들에게 해준 말이 있는데 그것은 내 아버지에게서 들은 말이다.

"바지가 길면 저고리가 짧아지고 저고리가 길면 바지가 짧아진다."

거기에 덧붙여 내가 터득한 말을 이렇게 들려준다.

"남들은 차하고 포를 모두 가지고 장기를 두는데 너희는 차와 포를 떼어버리고 말[馬]하고 상(象)하고 졸따구들만 가지고 두려 하느냐. 그럼 백전백패할 수밖에 없다. 차나 포가 무엇인지 아느냐? 차나 포는 남이 자고 있는 밤에, 새벽의 맑은 정신으로 하는 공부다."

향기로운 사랑의 거래

➤ 내게는 동생들이 많다. 나까지 모두 9남매인데,지금은 다 결혼을 해서 가정을 이루었다.

그들 가정의 모양새는 각기 달랐다. 큰소리 한 번도 내지 않고 조용히 사는 가정이 있는가 하면, 사흘이 멀다 하고 다투는 가정이 있고 심지어는 폭력까지 휘두르며 사는 가정이 있었다.

자주 다투는 한 동생네 가정의 내막을 알고보니 동생과 제수씨가 서로 살림살이의 주도권을 잡으려고 그러는 것이었다. 주도권 다툼이란 가계 돈주머니를 자기가 차고 해량하여 쓰고 살겠다는 것이다.

한 이불 속에서 알몸을 섞으며 사는 부부 사이에 누가 돈주머니를 차고 산들 어떠랴. 그렇지만 대개의 부부들은 그 문제를 놓고 첨예하게 대립한다.

어느 날 대학 2학년이던 막내동생이 나에게 물었다.

"가문이란 무엇입니까?"

'가문'이란 그 집안의 전통일 터인데 나는 이렇게 대답했다.

"그것은 그 '집안의 분위기'라는 것이다."

동생은 한동안 생각하더니 고개를 끄덕거렸다. 나는 동생에게 덧붙여 설명했다. 그것은 오래 전부터 하고 있던 생각이 아니었다. 어떤 문제를 놓고 사유하듯, 굽이굽이 풀어가듯이 말한 것이었다.

"남남이었던 두 남녀가 결혼을 하여 작은 핵가족을 구성한다. 두 남녀는 각각 자기를 낳아준 부모가 만든 분위기 속에서 자란 사람들이다. 그들은 자기들의 몸과 마음에 배어 있는 전혀 다른 분위기를 한데 버무려 또 다른 분위기를 새로이 만든다. 남자의 힘이 강한가 여자의 힘이 강한가에 따라 그 분위기는 강한 쪽으로 기울어진다."

나는 좀더 구체적으로 설명했다.

"한 가정의 아내가 나고 자란 친정집 분위기가, 내주장(內主長)하는 분위기였다고 가정하자. 내주장이란 것은 아내가 살림살이를 이끌어가는 주제라는 말이다. 내수장의 분위기에서 자란 처녀는 시집을 간 다음 반드시 내주장을 하려 한다. 그런데 상대 남편

집안의 분위기가 외주장이었다면 남편이 아내에게 고분고분 살림살이의 주도권을 내줄 리 없다. 그들 부부는 사사건건 갈등하고 대립할 수밖에 없다."

그 동생네 가정에 어느 날부터인가 다툼이 사라졌다. 그것은 주도권 쟁탈전이 종식되었음을 말해주는 것이었다. 제수씨 쪽에서 주머니를 찬 것이었다. 나는 그들이 도출해낸 결과에 대해 잘잘못을 평가하려는 것이 아니다.

남편이 살림살이를 주도하는 것이 이상적인가, 아니면 아내가 주도하는 것이 이상적인가, 양쪽이 주머니 한 개씩을 차고 각각의 살림살이를 하는 것이 이상적인가 단정지어 말할 수 없다. 그것은 그 가족을 구성하는 당사자들이 결정할 문제이다.

나는 어떤 일이 애매할 때 원시시대 사람들의 삶에서 해결의 실마리를 찾곤 한다. 옛날 옛적에는 남편이 사냥을 하러 다니고 아내가 집안에서 아기를 낳아 키우며 살림살이를 했다. 사냥을 해온 남편은 그 고기를 아내에게 넘겨주고, 살림살이의 칼을 든 아내는 그것을 자기 마음대로 아이들에게 고루 분배하고 이웃 사람들에게 서운하지 않게 맛보였을 것이다.

한데 부부가 맞벌이를 하는 요즘 세상의 경우에는 한 가정의 주머니가 둘일 수도 있을 터이다. 그들은 그 주머니에서 일정 금액을 덜어내어 살림살이 통장에 넣어놓고 쓸 수도 있고 그렇지 않을 수도 있다.

좌우간 요즘 세상 핵가족의 분위기는 새로이 창조되고 있다. 호적제가 폐지되고, 가부장적인 권위의식이 묽어져버린 추세 속에서 남편과 아내의 주도권 다툼은 어떻게 시작되어 어떻게 진행되고 있고 어떤 결론들이 나고 있는 것일까.

부부의 사랑은 따지고 보면 하나의 거래이다. 향기로운 거래로 좋은 분위기를 만들어가야 하는 책무가 남편과 아내의 마음에 달려 있다. 그 마음을 더러운 냄새 풍기게 이기적으로 길들이느냐, 넉넉하고 이타적으로 기름지게 가꾸어가느냐는 당사자들이 택할 일이다.

나는 나의 늙은 아내와 사랑의 거래를 잘하려고 애쓴다.

갇힌 채 꿈꾸는 둥지

사람들은 모든 것을 가두어놓고 살기를 좋아한다. 들이나 산에 사는 동물들을 잡아다가 집안의 우리 안에 넣어놓고 가축으로 길들였다. 가축을 우리 안에 가두어 기르다가 잡아먹고 싶을 때에 잡아먹곤 했다.

한 남자는 한 여자를 데려다가 가정이라는 울타리 안에 가두어놓고 아내로 삼는다. 한 여자는 마찬가지로 한 남자를 그 울타리 속에 가두어놓고 산다. 여기에는 조건이 따르게 마련이다. 거래이고 약속이다.

나는 내 아내에게 이러한 조건을 제시했다.

"밖에서 사냥을 해다가 너에게만 줄 테니까 내 유전자 들어 있는 아기를 낳아다오."

아내 쪽에서는 이 조건을 제시했다.

"네 유전자 들어 있는 아기를 낳아줄 테니까 사냥한 것을 다른 여자에게 절대로 주지 마오."

그리하여 하나의 가족이 형성되었다.

사람들에 따라서는, 그 약정을 늙어 죽을 때까지 지키는 가정이 있는가 하면 중도에 그 약정을 파기하고 헤어지는 가정도 있다.

가정은 가족들을 위한 하나의 둥지이다. 둥지는 자궁의 또 다른 모양새이다. 둥지는 아늑한 곳에 만든다. 둥지의 바깥에는 한파가 일고, 무더위가 기승을 부리고 먹이를 포획하려는 맹수들이 들끓는다.

아내의 자궁은 몸 안에 들어 있기도 하고, 몸 밖에 나와 있기도 한다. 몸 밖에 있는 것이 둥지이고 가정이다. 가정은 하나의 다사로운 분위기이고 그것은 여성(주부)을 중심으로 해서 만들어진다.

"당신네는 애들이 몇입니까?" 하고 한 주부에게 물었을 때 그 주부는 "셋이오" 하고 대답을 하는데, 그 셋 속에는 남편까지 포함된 것이다.

그 얼마나 무엄한 노릇인가. 그런데 그것은 언제인가부터 주부들 사이에 당연한 익살스러운 통념이 되어 있다.

생리적으로 고독한 모든 남성들은 어머니의 자궁 속에서 열 달 동안 헤엄치다가 밖으로 나왔다. 어머니의 품, 즉 밖으로 나와 있는 보이지 않은 자궁에서 보호를 받고 자라다가 학교와 군대를 마치고 결혼을 하면서 어머니의 품 대신 아내의 품속으로 들어가게 된다. 그것은 아내에 의해서 길러진다[養生]는 것이다. 아내는 제2의 어머니가 되는 것이다.

모든 여성은 아버지 회귀 본능이 있어서 어떤 남성인가를 사랑하지 않으면 안 되는 성정을 가지고 있다.

그리하여 사람(가족)들은 가정에 갇혀 산다. 남편은 아내의 틀에 갇혀 살고 아내는 남편의 틀에 갇혀 산다. 아들딸은 부모의 품속에 갇혀 산다. 부모가 벌어준 밥을 먹고 학교에 다닌다. 어른이 된 다음에는 부모에게 진 빚을 어떠한 모양새로든지 조금씩 갚아가야 한다.

사람들은 노예근성을 가지고 있다. 갇혀 살 때 편안해진다. 그러면서도 사람들은 가족의 구속으로부터 자유로워지고 싶어한다. 남편은 아내로부터, 아내는 남편으로부터, 아들딸은 부모로부터, 부모는 아들딸로부터 자유로워지고 싶어한다. 가족을 버리고 뛰쳐나가지만 그들은 다시 돌아오거나 또 다른 가정을 만들어 거기에 자기를 가둔다. 가족을 만들고 거기에 자기를 소속시키는 것이다.

운명이다. 원시시대부터 사람들은 모두 가족을 만들고 땅굴이나 나무 위에 집을 마련하고 그 안에서 모둠살이를 했다. 모둠살이를 통해 서로 의지하고 위안과 평화를 얻고 함께 외부의 적을 공동으로 방어하면서 살아갔다.

가족의 구성원들은 그물처럼 얽혀 있다. 그물코 하나하나를 형성하고 있는 구성원들은 서로를 끌어당긴다. 길항작용을 하는 그물코들이 형성하고 있는 마름모꼴은 팽팽한 장력을 가지게 된다. 가족이 지니고 있는 장력은 한 개의 그물코가 기능을 상실하면 무너지게 되는 것이고 그것은 슬픈 해체를 가져올 수도 있다.

가족의 구성원들이 만드는 그물코 하나하나는 외부의 어떠한 힘에 의해서도 기능을 상실하지 않고 길항작용을 하면서 가족 전체가 향기로운 장력을 견지하게 해야 한다. 그러면서 알콩달콩 아름답고 고운 삶을 꿈꾸며 살아가는 둥지여야 한다.

3장_ 펑펑 눈이 오는데 나는 유치원에 갑니다

나는 늘 길을 잃곤 한다. 돈 벌 궁리를 하다가 길을 잃고,
논쟁을 하다가 길을 잃고, 술잔을 바꾸면서 길을 잃고,
글을 쓰다가 길을 잃고, 길을 가다가 길을 잃는다.
그때 나는 다섯 살 손자처럼 노래한다.
'펑펑 눈이 오는데 어디 가세요, 나는 유치원에 갑니다.'

막힌 길 앞에서

╼✕ 아침 산책을 나간다. 나의 산책길은 마을 앞 농로를 관통하여 바다로 뻗어 있다. 하루 한 차례씩 바다와 대면한다. 바다는 내 사유의 시공이고, 내가 기리는 자유의 얼굴이다. 나를 세상에 있게 하는 까닭을 설명해주는 자궁이고 나로 하여금 넉넉하게 우주 속에 꽃으로 장식될 수 있도록 용기를 주는 어머니이다.

그 바다를 보러 가는 길에서는 아무런 부담이 없어야 한다. 아침마다 길을 바꾸지 않고 항상 가곤 하는 길을 또다시 가는 것은 길을 간다는 생각에 걸리지 않으려는[無碍] 것이다.

글을 쓸 때 늘 똑같은 음악을 틀어놓고 하는데, 그 음악으로 길이 반들반들 나 있는 까닭이다. 그게 싫증이 나서 새로운 음악으

로 바꾸어놓으면 귀에 걸린다. 귀가 새로운 것을 맛보려 하는 것
이다. 귀가 새 맛에 걸리면 마음이 걸리고, 글이 걸리고 막힌다.
귀에 익은 음악은 마치 내 입맛에 알맞도록 새콤달콤하게 익은
묵은 김치처럼 늙은 아내처럼 오래된 술처럼 맵지도 짜지도 싱겁
지도 달지도 시지도 않아 거부감이 없다.

그날 아침에는 바다를 50미터쯤 앞둔 곳에서 멈추어서지 않을
수 없었다. 나의 눈앞에 산처럼 쌓인 흙더미가 있었다. 누군가가
나의 길, 곧게 뻗어나가는 농로를 막아버린 것이다. 누가 막았을
까. 농로는 논을 위한 것으로 이 들판을 경지 정리할 때 내놓은 것
이었다. 한데 농로가 끝나는 곳은 논이 아니고 밭이었다.

범인은 밭주인이다. 그가 몇십 대 분량의 흙을 실어다가 밭을
돋우면서 길을 막아버린 것이다. 나는 산처럼 쌓인 흙더미 위에
올라서서 사방을 둘러보았다. 없던 길도 편리하게 뚫어주는 세상
에 전에 있던 길을 막아버리다니 있을 수 없는 일이다. 사람으로
서의 도리가 아니다.

이튿날 같은 시각에 농로를 따라 갔더니 포크레인이 산처럼 쌓
아놓은 흙더미 위에서 땅고르기 작업을 하고 있었고 한 중년 남
자가 그 위에서 작업 감독을 하고 있었다.

중년 남자가 나를 향해 허리를 굽실하더니 다가왔다. 중년 남
자는 이미 나의 불만스러워하는 마음을 읽고 길을 막게 된 연유

를 설명했다.

"제가 이 땅 주인입니다. 여기 사실은 길이 없었습니다. 이때껏 없는 길을 제가 내주었던 겁니다. 도면을 보여드릴까요?"

그렇다면 나도 하고 싶은 말을 해야 했다.

"도면을 볼 필요가 있겠어요? 도면 보면서 따지는 것은 당신의 사유재산을 빼앗겠다는 것일 터이고, ……한데 있던 길을 없애는 것은 도리에 맞지 않는 일입니다."

그가 구구하게 설명을 했다.

"여기 있는 제 땅이 세모꼴인데 만일 길을 주고나면 아무짝에도 쓸모가 없게 됩니다."

말하자면 길을 줄 수 없다는 것이었다. 그가 이렇게 덧붙였다.

"율산마을 이장이 항변을 해서, 제가 그랬습니다. 어찌할 수 없다고요. 면장님도 다녀가셨지만…… 저로서는 어찌할 수 없습니다."

내가 말했다.

"저 농로 타고 여기까지 왔다가 막혀 있는 길 앞에서 절망하고 되돌아갈 사람들을 생각해보셨습니까?"

"저로서는 어찌할 수 없는 일입니다."

그가 막말을 했다. 절대로 길을 줄 수 없다는 것이있다. 내가 말했다.

"저 마을 사람들 가운데 나처럼 차 없는 사람들은 이 길을 따라 꼬마 리어커 끌고 갯것을 하러 바다로 나오는데, 차 다니는 길은 못 주더라도 자그마한 소로라도 내주어야지요."

그때 그 중년 남자의 땅 옆의 땅을 가진 남자가 왔다. 나는 그에게 말했다.

"당신 땅과 이 사람 땅 경계에다 자그마한 소로라도 내주어야 하지 않습니까?"

옆 땅의 임자가 중년 남자에게 말했다.

"한 선생님 말씀대로 그렇게 하시지요. 나중에 어떻게 될지언정."

나는 그의 태도나 말이 하도 정중하여 몸을 돌려 바다로 나갔다. 달려오는 파도를 바라보고, 햇살이 바다 한복판에 쏟아붓는 번쩍거리는 조각들을 바라보았다.

'그래 길을 없애서는 안 된다. 이 바다로 통하는 길은 있어야 한다.'

나는 그 당연한 귀결을 어금니에 놓고 씹었다.

한데 이튿날 다시 오니 소로는 나 있지 않았다. 그 중년 남자는 나의 요구를 비웃은 것이었다. '순진한 당신, 내가 길을 줄줄 아십니까? 천만에 말씀입니다.'

그로 인해 얼뜬 사람이 되어버린 나는 하늘을 향해 허탈하게 웃고 나서 속으로 소리쳤다.

'이 사람아, 웃기지 마라. 세상의 그 어떠한 길도 막히는 법은 없다. 어느 누구도 길을 막을 수는 없다. 만약 길이 막힐 경우, 그 막힌 길은 스스로 막힌 그 지점에서 다시 새로운 길을 만든다.'

만일 당연히 뚫려야 하는 길이 막히면 하느님이 뚫어준다. 부처님이 뚫어준다. 세상이 뚫어준다. 자유자재로의 길은 물처럼 흘러가게 마련이다.[*]

---

[*] 열흘쯤 뒤에 바다로 나가는 그 길은 넓게 뚫려 있었다. 면장님과 땅을 가진 두 남자가 합의하여 길을 낸 것이라고 했다. 아, 얼마나 황송하고 고마운 일인가.

토굴에 외등을 밝혀놓고

귀한 손님이 방문할 때 나는 토굴 안팎에 있는 모든 등불을 밝힌다. 탑 속에 들어 있는 등, 석등, 토굴의 네 모퉁이 처마 끝에 있는 등, 토굴 안의 수박등들을 다 밝힌다. 탑에는 꼬마전구 몇백 개 달린 줄을 주름처럼 걸쳐놓았다. 그 전구들은 살아 있는 꽃송이들처럼 명멸한다.

그 등을 크리스마스 밤에도 모두 밝힌다. 예수님의 탄생을 축하하는 뜻이다. 가족들의 생일 밤에도 그것들을 밝힌다. 부처님 오신날도 물론 그렇게 한다.

나에게 등불은 세상을 밝히는 꽃이다. 내 마음에 꽃등을 밝히고 손님을 맞이하자는 것이다. 내 마음에다 꽃등을 밝히면 찾아오는 손님도 마음에 꽃등을 밝힐 것 아니겠는가. 세상을 사랑하고 싶고 사랑받고 싶은 꽃등마음.

설달 그믐밤에도 나는 토굴에 있는 모든 등불을 밝힌다. 어린 시절 명절 때 할아버지가 그렇게 하라고 명했고 아버지 어머니는 그 명에 따라 그렇게 했다. 우리 어린 자식들은 환해진 집안에서 들뜬 마음으로 명절을 맞이했다.

내 사전 속의 명절은 '내 마음, 내 집, 내 마을, 내 나라를 찾아오는 귀한 손님 같은 신(神)'이다. 그 신은 그냥 귀신이라는 뜻만 가지고 있지 않다. 그것은 이 세상을 오롯하게, 즐겁고 행복하게, 기운차고 발랄하게 살아갈 만한 가치가 있는 세상으로 만들어주는 훈훈한 바람 혹은 신명이다.

내가 그믐밤에 모든 등을 밝히는 것은 내 마음의 밑뿌리에 꽃불을 밝히는 것이고 칙칙한 어둠을 빛으로 만들어내려는 것이고 신명을 일으키려는 것이다.

나만 그믐밤에 불을 밝히는 것이 아니라 마을 사람들이 다 그렇게 한다. 이 땅 방방곡곡 사람들이 다 그렇게 한다.

설 명절, 추석 명절에는 왜 사람들이 너도나도 고향에 찾아가는 것일까. 고향에서 설 명절을 맞이하려는 것은 자기가 생성된 원초의 씨앗으로 돌아가려는 것이다. 고향은 어머니의 품이고 젖무덤이고 자궁이다. 처음의 마음[初心]으로 돌아가는 일이다. 그것은 새 기운을 차리고 새 마음으로 새로이 시작하려는 것이다. 말하자면 기운 빠져 있는 자기 생체시계에 새 건전지를 끼우는 일이다.

한 해 동안에 분포된 명절을 보면 아주 재미있다. 정월은 대보름, 2월은 하드레(초하루 머슴날), 3월은 제비 오는 삼질, 4월은 초파일 부처님 오신날, 5월은 단오날, 6월은 유두, 7월은 칠석, 8월은 한가위, 9월은 중구(9일 제비 가는 날), 10월은 시향, 11월은 동지, 12월은 설.

설은 정월 명절이 아니고 12월의 명절이다. 11월에 동지가 들어 있으므로 동짓달이라 하듯이, 12월에 설이 들어 있으므로 섣달(설달)이라 하는 것이다.

설은 섣달 그믐밤 한밤중의 한가운데 자리하고 있다. 그것이 지나면 새해 새 아침이 되는 것이다. 그런데 우리는 섣달 그믐날을 '까치설', 즉 '작은 설'이라 하고, 새해 첫날을 큰 설이라고 한다.

그날은 떡국 먹는 날이고 한 살씩 더 먹는 날이고 새 신 신고 설빔을 입는 날이고 한사코 즐겁고 기쁘게 보내야 하는 날이다. 그날 꾸중을 들으면 한 해 내내 늘 꾸중을 듣게 되고, 그날 무슨 일로 인하여 울게 되면 한 해 내내 울게 되고, 그날 다투게 되면 한 해 내내 다투게 된다고 믿었다.

어른들은 화낼 일이 있어도 이날만은 한사코 웃으면서 넘기고, 일꾼과 아이들을 노동 현장으로 몰아넣지 않고 뛰어놀게 놔두고,

인절미에 달디 단 엿을 발라 먹고, 고깃국을 먹었다.

설을 그렇게 보내기 위하여 사람들은 섣달 그믐날 빚을 갚으러 다녔고, 밀린 새경(임금)을 해결하고, 가난한 사람들에게 구세배(선물이나 돈을 주는 일)를 했고, 빚쟁이들은 빚을 받으러 다녔다. 때문에 섣달 그믐날은 묵은 빚 정리하는 날이기도 하다. 그것은 묵은해를 깨끗하게 정리하고 한사코 새해를 홀가분한 마음으로 맞이하려는 것이다.

어린 시절 나는 얼른 어른이 되고 싶어 환장할 것 같았었다. 한 해에 두 살씩 세 살씩 먹어버리고 싶었다. 그리하여 나보다 키가 크고 힘이 세다고 으스대는 두세 살 위의 또래 동무들의 나이와 키를 박차고나가 앞장서버리고 싶었다. 그런 까닭으로 나는 늘 가슴 두근거리며 설날을 기다렸다.

풋늙은이가 되어 섣달 그믐밤에 토굴의 꽃 같은 등불을 모두 밝힐 때에도 가슴 두근거림은 있다. 묵은해의 내 쓸쓸한 행적을 돌아보고 새해 새 아침을 내다보며 삼가고 또 삼가는 두근거리는 마음으로 등들을 밝힌다. 그것은 새 우주를 만드는 마음의 씨앗이 조용히 싹트기를 기다리는 것이다.

살구 분쟁 이야기

바야흐로 살구가 익어간다. 푸르던 것이 샛노래지더니 한쪽 볼이 발그스름해진다. 가지에 다닥다닥 붙어 있는 다산성의 조생종 살구나무.

제자가 연못 주위에 심어준 살구나무는 열 그루였는데, 다섯은 죽고 다섯 그루만 헌걸차게 자라 열매를 주렁주렁 매단 것이다. 한 그루는 조생종이고 네 그루는 늦은 것(만생종)이었다.

봄철에 살구나무는 매화가 진 다음 복숭아꽃, 철쭉꽃들과 더불어 연못 주위의 정원을 화려하게 장식해주었다. 나는 연분홍의 살구꽃송이들을 보며, 〈고향의 봄〉에 나오는 '복숭아꽃 살구꽃 아기 진달래' 라는 가사를 떠올렸다.

매화가 지조의 꽃이라면 살구꽃은 타오르는 사랑으로 청춘 남녀들이 가슴과 얼굴을 붉히는 열정 같은 꽃이다. 첫사랑, 첫경험의 꽃이다.

한데 초여름이 되면서 그 살구나무로 말미암아 몇 가지 분쟁이 일어났다.

제일 먼저 살구의 열매들이 검버섯처럼 변하는 병이 생겼다. 살구 열매들이 치르는 병에 관여하지 않기로 했다. 그것을 그들의 운명으로 여겼다. 매정한 일이지만, 아무런 농약도 뿌려주지 않기로 했다.

그 결과 조생종 한 그루만을 제외하고는 다른 나무의 살구 얼굴에 암갈색의 검버섯이 피기 시작했다. 조생종 살구들은 건강하게 잘 익었다. 그 살구 열매들 보는 재미로 나날을 보냈다.

살구 열매들을 따지 않고 꽃처럼 놔두고 보고 싶었다. 살구 열매는 마치 연지곤지 찍은 신부처럼 얼굴이 화사했다. 그 얼굴 얼굴들이 주렁주렁 달려 있으므로 나는 세상에서 부러울 것 없는 부자인 듯싶었다. 아니, 수없이 많은 여인들을 거느리고 사는 황제의 가슴이 되었다.

한데 그들이 익어갈 무렵 새들과의 분쟁이 일어났다. 어느 날부터인가, 이름을 알 수 없는 새까만 새들이 날아와서 그것을 쪼아먹기 시작했다. 지옥에서 온 듯싶은 그들은 귀신처럼 잘 익은 것들을 골라 쪼았고, 살구들은 상처를 입은 채 땅바닥에 떨어졌다. 떨어지지 않고 있는 것들의 얼굴에도 많은 상처가 생겼다.

나는 분노하여, 감나무 그늘의 평상에 앉아 있다가 그들이 날아 들면 소리쳐 쫓았다. 그런데 내가 서재에 들어가 있거나, 밥을 먹으려고 아래 살림집으로 내려가 있는 동안, 그들은 살구를 훔쳐 먹었다.

두 번째는 아이들과의 분쟁이 일어났다.

교육청의 한 장학사가, 초등학생과 중학생들 90명을 인솔하여 해산토굴에 찾아오겠다고 허락해달라고 했다. 한 시간쯤 그들에게 좋은 이야기를 해달라는 것이었다.

학생들은 찬란한 초여름 햇살이 쏟아지는 10시에 왔다. 나는 그들을 감나무 그늘에 앉혀놓고 식물들의 마음과 시 쓰는 마음에 대하여 이야기했다.

한데 이야기를 듣고 돌아가던 아이들이 살구 열매를 공격했다. 살구 열매는 그들이 손을 뻗치면 닿을 수 있는 낮은 곳에 70여 개쯤 달려 있었다. 운 좋게 아직 새들의 공격을 받지 않고 있는 것들이었다. 살구나무가 공격당하는 것을 본 나는 소스라쳐 놀랐다. 살구를 따고 있는 아이들에게 애원하듯이 원망하듯이 말했다.

"그것 꽃처럼 두고 보려 하는데 그렇게 따버리면 어떻게 하나!"

장학사가 아이들을 나무라주었고, 아이들은 물러나 돌아갔다.

살구 열매는 겨우 20여 개쯤 남아 있었다. 아이들이 돌아간 다음 많은 열매들을 잃고 서 있는 살구나무를 보는 나의 가슴은 쓰라렸다. 이때 나의 가슴을 아프게 한 것은 두 가지였다.

그 하나는 '호기심 많은 철부지들에게 살구 한 개씩을 선물하려 하지 않고, 인색하게 그들을 꾸짖어 보냈다는 후회'이고, 다른 하나는 '나의 가슴을 뿌듯하게 하는 많은 살구 열매들이 사라졌다는 상실감'이었다.

사흘 뒤 아내가 살구 여남은 개를 수확하고 덜 익은 것들 여남은 개를 남겨놓았다. 그런데 이른 저녁밥을 먹고 올라오자 살구 열매들이 깡그리 사라지고 없었다. 어치 한 떼가 날아들어 훔쳐 먹은 것이었다.

열매 한 개도 달려 있지 않은 살구나무 앞에서 나는 울분을 느꼈다. 그 울분을 후우, 한숨을 쉬어 풀었다. 동시에 허탈감 속으로 빠져들었다. 그러다가 하늘을 쳐다보면서 아, 하고 속으로 소리쳤다.

결국 언제인가는 말끔하게 사라지고 없어질 운명을 가진 것들을 앞에 두고 그것을 지켜내려고, 나는 이때껏 선량한 존재들과 옹졸하게 분쟁을 해왔던 것이다. 석가모니 부처님은 인연은 없다고 말했는데, 그것이 있는 것처럼 보일 뿐 사실은 없는 것이라고, 다만 환영이 있을 뿐이라고 했는데…….

나는 부끄럽고 또 부끄러웠다. 사라지고 없어질 운명을 가진 허망한 것을 옆에 오래오래 붙잡아두려고 아등바등 일으킨 분쟁이.

씨줄과 날줄로 교직된 세상

태풍이 불어 곡식들을 쓸어갔다든지, 홍수로 둑이 터졌다든지 하는 재앙이 일어났을 때 노모는 이렇게 말씀하신다.

"하늘이 시키는 대로 살아야지 억지로는 못 산다."

그것이 어찌 내 노모 혼자만의 생각이랴. 돌아가신 아버지도 그러셨고, 할아버지도 그러셨다.

가부장적인 권위가 팽배해 있는 세상을 만든 것은, 지상의 모든 것을 하늘이 냈다는 생각이다.

어른들은 '하늘에 순응한 자는 살아남고 거스르는 자는 망한다.' '하늘의 그물은 넓고 넓어서 성기지만 빠뜨리지는 않는다.' 이런 따위로 세상 사람들을 가르쳤다.

모든 것을 하늘이 냈고, 하늘의 뜻이 순리라는 생각은 수직적인 관계를 중시하고 수평적인 관계를 도외시했다. 거기에 기독교적인 창조주의까지 가세했다.

해마다 늦은 봄에서 초가을까지 토굴에 지네가 출몰하여 나와 아내를 물곤 했다. 집 주위에 농약을 뿌려 막으려 하다가 내가 파서 마시는 지하수를 오염시킬까 싶어 그만두었다. 지네와 천적관계인 닭 몇 마리를 키워 퇴치시키기로 했다.

집 뒤란 모퉁이 앞마당 바깥에 그물을 치고 닭 다섯 마리를 놓아 먹였다. 그렇게 그물을 친 것은 첫째 도둑고양이에게서 닭들을 보호하자는 것이고, 둘째는 닭들로 하여금 먼 데로 가지 말고 오직 지네들이 토굴 바깥 바람벽을 타고 올라오지 못하게 미리 잡아먹어달라는 것이었다.

그런데 내가 노린 만큼 효과가 크지 않았다. 지네는 닭들이 자고 있는 밤에 바깥벽을 타고 올라와서 문틈이나 바람벽 틈새로 기어 들어오곤 했다.

비가 오려 하면 지네들이 한층 더 기승을 부렸다. 물을 싫어하는 그들은 빗물을 피할 수 있는 곳을 찾아 들어오는 것이었다. 이제는 닭들 때문에 바깥에 농약을 뿌릴 수도 없었다. 살충제를 창문틀이나 바람벽에 뿌리고 환기시키는 수밖에 없었다.

그럼에도 불구하고 그놈들은 귀신같이 비올 것을 미리 알고 들

어오곤 했다. 나는 그놈들을 잡을 집게 하나와 벌꿀 담았던 유리
병 하나를 준비해놓고 발견 즉시 집어다가 그 병 속에 넣곤 했다.

한데 닭들을 위해서 집 주위에 그물을 빙 둘러친 다음 생긴 이
변 하나가 있었다. 쥐들이 어디로 들어왔는지 중천장 위를 기어
다니는 것이었다. 여러 마리가 들어온 것도 아니고 단 한 마리가
들어와 설치는 것이지만, 그놈이 들어왔다 하면 나는 잠을 이룰
수가 없었다. 끈끈이를 이용해 잡으려고 했지만 이놈은 귀신같이
걸려들지 않았다. 중천장에 구멍을 뚫고 작대기 끝에 전구 하나
를 달아올려 불을 환히 밝혀서 그놈을 불안하게 만들기로 작정했
다. 그것은 효과가 있었다. 밝은 곳을 싫어하는 그놈은 일단 들어
와 헤매다가 나가곤 했다.

그러나 밤낮으로 계속 불을 밝혀놓을 수는 없는 일이었다. 낮
에 꺼놓은 채로 깜박 잊고 있으면 이놈이 9시 뉴스 볼 때쯤에 들
어와 설치고 다니며 나를 화나게 하는 것이었다.

어느 날 나는 아하, 하고 깨달았다. 쥐들을 퇴치시킬 놈은 고양
이밖에 없다. 닭들을 없애고 그물을 걷어내면 도둑고양이들이 집
울안을 휘돌아다닐 것 아닌가.

늦가을 지네 출몰이 뜸해지면서 나는 이웃 영감님에게 부탁하
여 닭들을 잡아 없앴다. 그리고 그물을 철거했다. 그런 지 한 보
름까지 쥐가 천장을 들락거렸다. 한데 한 달쯤이 지났을 때 쥐가

나타나지 않았다. 얼마쯤 뒤 마당의 잔디밭에서 쥐의 시체 하나를 발견했다. 그놈이 천장을 들락거린 그놈인지 아닌지 모르지만 좌우간 그것은 도둑고양이의 공적이라 말하지 않을 수 없다.

이후 나는 도둑고양이를 미워하지 않게 되었다. 고기를 구워 먹고 있을 때 그놈들이 냄새를 맡고 다가오면 서너 점씩을 선사할 만큼 넉넉해졌다.

이 세상은 이렇게 수직적인 관계로만 맺어지는 것보다 수평적인 관계까지가 보완되었을 때 참하고 튼튼하게 직조되는 것이다.

상생. 너도 살고 나도 사는 것이다. 반드시 이것만 있어야 하고 저것은 없어져야 한다는 일방적인 생각은 세상을 파괴한다. 참다운 관계는, '이것이 있으므로 저것이 있고 저것이 있으므로 이것이 있다'는 것이어야 한다. 사장이 있으므로 사원이 있다는 일방적인 생각은 수직적인 것이다. 사장이 있으므로 사원이 있고 사원이 있으므로 사장이 있다는 수평적인 생각이 거기 보태져야 한다. 그 씨줄과 날줄이 제대로 직조되어야 좋은 천이 된다.

존재하는 모든 것을 하늘이 냈다고 말하는 것은 많은 잘못된 결과를 가져온다. 하늘이 있으므로 땅이 있고 땅이 있으므로 하늘이 있다는 생각 쪽으로 바뀌어야 한다.

남편이 있어서 아내가 시집온 것이 아니고, 남편이 있으니까 아내가 있고 아내가 있으니까 남편이 있다고 생각해야 한다. 또한 아버지 어머니가 있어서 아들딸이 태어난 것이라는 수직적인 생각은 아들딸을 그들의 소유로 생각하게 하고 그들의 진로를 그들 입맛대로 하려 한다.

아버지 어머니가 있어서 아들딸이 있고, 아들딸이 있어서 아버지 어머니가 있다는 수평적인 생각으로 바뀌어야 한다.

토굴 침입한 무법자들 이야기

✈ 카펫 위에 불청객 하나가 기어가고 있다. 볼펜 꽁무니 넓이만한 회갈색의 도둑거미이다. 이놈들은 겨울잠도 자지 않고 먹이사냥을 하고 있다. 이중으로 된 창문 틈에는 무당벌레들 이십여 마리가 숨어서 겨울나기를 하고 있다.

나는 비싼 돈 들여 토굴을 짓고 사는데 이 거미란 놈들은 주인인 내게 월세 한 푼도 내지 않고 둥지를 틀고 있다. 무당벌레들도 물론 주인에게 허락을 받은 바 없다.

생각해보면 내 토굴 안은 그야말로 무법천지이다.

늦은 봄에서부터 가을까지는 지네라는 놈이 문틀 사이 바람벽 틈새로 들락거리면서 주인인 나를 공격한다. 지네를 잡아먹어딜라고 닭을 길렀더니, 수탉이 나를 공격하곤 했다. 모이를 줄 뿐만 아니라 고양이나 살쾡이로부터 자기를 보호해주는 주인을 말이다. 그놈은 자기 암탉들에 대하여 내가 흑심을 품고 있지나 않은지 의심하며 나를 공격했던 것이다. 그놈은 창끝 같은 부리로 나를 쪼았고 펄쩍 뛰면서 두 발로 나를 허비려 들었다. 나는 기막혀 하면서 도망을 쳤다. 내가 그물 밖으로 나오고 나면 그놈은 두 날개를 퍼덕거린 다음 꼬끼오 하고 승리의 노래를 불렀다. 그놈의 멍청스러운 오만을 나는 그냥 너그럽게 놔둘 수 없었다. 겨울철 들면서 지네들이 잠자리에 들어 출몰하지 않게 되자 '토사구팽', 이웃 남자를 불러 처치해버렸다.

부엌의 휴지통에는 겨울철인데도 초파리가 기생한다. 이 겨울철 비싼 기름 받아다가 보일러 가동하고 장작난로 불 피워서 따뜻하게 한 덕분에 그놈들은 난방비 한 푼 부담하지 않고 무상으로 세 들어 살고 있는 것이다. 방충제 쓰기를 싫어하는 주인의 약점을 이용하여 그놈들은 잘 살고 있다.

잔디만 심어놓은 마당에는 바랭이, 명아주, 실망초, 개망초쑥, 씀바귀, 크로바들이 기생한다. 관상석 사이사이에 심은 철쭉나무 옆에도 그놈들이 기생한다. 대나무, 나팔꽃덩굴, 하늘타리덩굴, 육손이덩굴들도 기승을 부린다. 뽑아주지 않고 그대로 둔다면 그것들의 세상이 되어버릴 것이다.

늙은 감나무 한쪽 가지가 이유없이 말라 죽었다. 죽은 가지 한
쪽에 검은 구멍이가 파여 있었다. 이유가 무엇일까, 하고 살펴보
니 거기에 개미들이 들락거렸다. 사닥다리를 놓고 올라가보았다.
개미들은 거기에 집을 짓고 나무진을 빨아먹으며 살고 있었다.
내 허락도 없이 거기에 둥지를 튼 그들의 무례를 용서할 수 없었
다. 그들을 그대로 놔두면 감나무가 필시 죽을 터이다. 소금 반
바가지를 털어붓고 물을 떠다가 끼얹어버렸다. 그들은 어디론가
이사를 가지 않을 수 없었다.

지난 봄날 장미나무는 꽃 몇 송이를 피우는 듯하더니 잎이 오그
라들고 꽃망울들이 왜소해졌다. 진딧물이 보얗게 일어 있었다.
장미나무가 기껏 세 그루밖에 안 되므로 나는 손으로 진딧물을
으깨어 죽이기 시작했다. 진딧물 물러터지는 감각이 징그러웠지
만 꽃을 위해서는 감내하지 않을 수 없었다. 두 손의 손끝들이 연
녹색으로 변했다. 며칠 지나서 보니 다시 진딧물이 생겨 있었다.

나는 매운 푸나무재를 끼얹어주었다. 그것을 물에 불린 잿물을
뿌려주면 더 좋을지도 모르는데 게으른 나는 그냥 그렇게 재만
뿌린 것이었다. 진딧물은 없어지지 않았다. 가뜩이나 얼룩나방의
애벌레들이 잎사귀들을 갉아먹고 있었다. 나는 하릴없이 농약을
사용하지 않을 수 없었디.

수련꽃과 비단잉어와 금붕어를 완상하기 위해 판 연못에는 황

소개구리가 와서 금붕어를 잡아먹고 음산하게 울어댔다. 나는 그 놈들을 퇴출시키기 위해 밤에 손전등을 켜들고 나가서 작대기를 휘둘러대곤 했다.

내가 사는 전원세상은 결코 고요하고 평화로운 세상이 아니다. 무뢰한들이 판을 치는 파렴치한 세상이다.

아무리 마음을 너그럽게 하고 함께 살고 싶어도 한 하늘 한 지붕 아래서 더불어 살아서는 안 되는 것들이 있다. 이때는 진정한 평화와 안정을 위하여 최선의 조치를 취하지 않을 수 없다. 나는 석가모니의 대자대비를 따를 수 없다. 어찌할 수 없는 인간 우월주의자이고 슬픈 인간 이기주의자이다.

내 고향 바다 보내주기

    ⊰ 휴대전화를 들고 바닷가로 산책을 나가 곤 한다. 모래밭을 거닐면서, 모래톱 앞에서 파도를 바라보거나 갈매기 떼 나는 것을 보면서 도회의 친지들에게 전화를 하여 중계하곤 한다. 파도 소리를 들려주기도 하고, "지금 검은댕기두루미 한 마리가 조개를 쪼고 있네요. 갈매기 한 마리가 내 머리 위를 선회합니다. 햇살이 수면 위로 쏟아지는데, 바닷속 흰 물고기들 수만 마리가 일시에 떠올라 푸드덕거리는 것 같네요" 하고 말해주기도 한다.

    도회 한복판에서 내 전화를 받는 그들은 나를 이렇게 흉허물할 지도 모른다. "시멘트 공간 속에서 감옥살이 하듯이 살아가는 사람한테 약 올리고 있네."

어느 날 한낮에는 서울의 한 관공서에 다니는 후배 친지에게 참으로 철없이 장황하게 이렇게 말했었다.

"휴가 때 내 고향으로 오시면 기막힌 것 하나를 보여드리겠습니다. 나 살고 있는 땅이 안양이지 않습니까? 안양은 극락이란 말입니다. 안양 남쪽에는 득량만 바다가 있는데, 이 바다는 호수 같아요. 사방에 연꽃잎 같은 섬들이 빙 둘러서 있어요. 내가 화엄의 바다, 연꽃바다라고 이름 지어 놓았습니다."

여기서 나는 잠시 말을 끊고 "아니 지금 내 전화 이렇게 장황하게 받고 있을 수 있어요?" 하고 물었다.

친지는 마음의 여유는 가지고 산다는 것을 과시하려는 것인지 "염려 마시고 말씀 하십시오" 하고 말했다.

나는 그 친지에게, 적어도 내 고향의 풋풋한 바다를 선물하고 있다는 자부심을 가진 채 말을 계속했다.

"이 연꽃바다에 신화 하나가 전해 옵니다. 옛날 한 청년이 자기 애인의 병을 치유하기 위해 천관산의 천관 보살님에게 기도를 드렸습니다. 어느 날 꿈에 천관보살이 나타나 말했습니다. '사향노루 암수가 교미하는 때에 나는 향기를 뿜는 연꽃잎을 따다가 달여 먹이면 병이 나을 것이다.' 청년은 삼천리 방방곡곡을 헤매어 다니다가 장흥 앞바다에 이르렀는데 바야흐로 아침 해가 솟아오르고 있었습니다. 그때 그 바다 한복판에서 사향노루 암수 교미

할 때의 그 향기가 풍겼습니다. 청년은 다시 천관보살에게 기도
하며 물었습니다. '그 바다에서 어떤 꽃잎을 따다가 달여 먹여야
합니까? 천관보살이 나타나서 말했습니다. '그 바다에서 나는 키
조개와 피조개와 바지락이 바로 그 연꽃잎이다.' 청년이 그 조개
들을 캐다가 달여 먹이자 애인의 병이 완쾌되었습니다."

서울의 친지가 물었다.

"그 신화, 혹시 선생님께서 창작한 것 아니십니까?" 나는 "내
몸뚱이, 내가 알고 있는 모든 것은 내 고향 땅과 바다와 산과 하늘
과 선조들에게서 얻은 것입니다" 하고 나서 말을 이었다. "장흥
읍 미륵뎅이를 지나면 연꽃바다로 안내해주는 종려나무 가로수
길을 만나게 됩니다. 그 길은 수문포와 율산마을 앞 여닫이 연안
에서 끝나는데, 그 길 끝자락에 서 있는 삼각형의 뿔 같은 '종려
나무길 조성 기념탑'에 시 한 편이 새겨져 있습니다."

친지가 그 시를 읽어달라고 말했고 내가 읽었다.

종려나무 길 따라 정남진 장흥 안양의 연꽃바다에

검은댕기두루미처럼 훨훨 날아오신 사랑스러운 당신,

어지러운 티끌 길이 끝나는 곳에서 또 하나의

꿈의 길은 열립니다.

당신이 싣고 다니시는 암갈색으로 녹슨

당신의 육체와 영혼

꽃 무지개 뜨는 꼬마 나폴리 여닫이 연안의 은 모래밭

수억 천만의 유리대롱 같은 금빛 햇살 아래서

배릿하고 달콤한 키조개, 바지락, 숭어, 농어, 도미, 전어, 주꾸미,

낙지들의 맨살과 더불어

세모시처럼 하얗게 바래가지고 가셨다가

정남진의 연꽃바다처럼 싱싱해지고 향기로워지고 싶으시면

가시는 듯 되짚어 오십시오.

검은댕기두루미처럼 사랑스러운 당신.

그러자 친지가 "그 시, 혹시 선생님께서 쓰신 것 아닙니까?" 하고 물었다. 내가 말했다.

"내 몸뚱이, 내가 알고 있는 모든 것은 내 고향 땅과 바다와 산과 하늘과 선조들에게서 얻은 것이라고 했지 않습니까?"

귀를 잡수신 할머니

토굴 생활에서의 큰 즐거움들 가운데 한 가지는, 산책을 하거나 나들이를 하다가 그 할머니를 만나는 일이다. 곱게 빗은 반백의 머리를 쪽지고, 뒤통수에 탱자만 하게 뭉쳐진 머리채에 거무스레한 비녀를 꽂고 다니는 그 키 작달막한 할머니는 올해 83세인데 일찍이 귀를 스스로 잡수셔버렸다. 나이 든 분들이 귀가 멀어 있을 경우, 시골 사람들은 ‘귀먹었다’고 말하지 않고 ‘귀를 잡수셨다’고 말한다.

모습을 확실하게 알아볼 만큼의 거리에서 그 할머니가 걸어오면 나는 웃음부터 준비한다. 내 가슴에 이미 유쾌한 율동이 일어나 있는 까닭이다. 그 율동은, 서로 통성명하는 수인사 한 마디 없이 얼굴을 익힌 이래 그 할머니로 말미암아 일어나곤 하는 것이다.

여느 때 그 할머니는 허리가 기역자로 꼬부라져 있는데, 대개의 경우 한 팔을 등과 허리가 만나는 부위에다 뒤집어 올려놓고 다른 한 팔을 앞뒤로 저으며 느릿느릿 걷는다.

어떤 때에는 바퀴 둘 달린 앙증스러운 스테인리스 손수레에 무엇인가를 싣고 끌고 오는 경우가 있다. 이때에는 그 할머니가 갯벌 밭에서 석화를 따오기도 하고 바지락을 캐오기도 하고 밭에서 당신이 가꾼 푸성귀를 수확해오기도 하는 것이다.

내가 이사 와서 그 할머니와 처음 대면했을 때 나는 허리와 머리를 깊이 숙이면서 "안녕하십니까? 저 집에 이사와 사는 사람입니다" 하고 인사를 했었다. 내가 시골 어른들에게 허리와 머리를 깊이 숙여 절을 하는 것은 그들의 정을 내 몸쪽으로 흐르게 하고자 함이다.

서울에서 왔다는 풋늙은이의 첫인사가 감당하기 어려울 정도로 정중하게 느껴졌는지 그 할머니는 허리를 억지로 펴고 직립하면서 하늘을 향해 얼굴을 쳐들고 아무 말도 하려 하지 않고 "어허허허흐흐흐……" 하고 입이 찢어지게 활짝 웃었다.

이가 거의 빠져버리고 겨우 한두 개 남아 있을 뿐인 입을 부끄러움 없이 크게 벌리고 흔감해 하고 있었다. 그 순박한 웃음에서 나는 하회탈의 웃음을 연상했다.

그때 나의 등뒤에서 이웃의 한 할머니가 귀띔을 해주었다.

"저 할머니 다른 사람 말은 한 마디도 알아듣지를 못해라우."

애초에 무슨 의사를 전달하려 할 필요가 없다는 뜻이었다.

이후 다시 그 할머니를 만나 전처럼 머리와 허리를 깊이 숙여 인사를 하면, 그 할머니는 당신이 지금 무엇 때문에 어디에 가고 있는 것인가를 나에게 세세히 설명하려 하곤 했다.

"쩌그가 우리 선산인디 그 밑에 엉덩짝만한 밭이 있어라우. 거 그다가 마늘하고 파를 쪼깨 싱겠는디 가물어서 물을 줘야 쓰겄길래 시방 가구만이라우."

손수레에 갯것을 싣고 오던 할머니는 발을 멈추고 굽은 허리를 억지로 곧게 펴고 일어서서 갯벌 밭을 턱으로 가리키고, 그도 부족하여 한쪽 손가락으로 그곳을 가리키고, 이가 몇 개 없는 까닭으로 입바람이 흩어져버리는 발음으로 "하도 쌔고쌨다고 해싸서 꿀(석화)을 쪼깨 따갖고 오니라고라우" 하고나서 드문드문한 치아들과 불그죽죽한 잇몸을 모두 내놓고 하늘을 향해 웃었다.

"ㅎㅎㅎㅎ……."

그 거짓 없고 순수한 모습이 하도 고맙고 아름답고 슬퍼서 나는 아무 말도 하지 않고, 그냥 머리와 허리를 45도쯤의 각도로 숙인 채 말없이 웃으면서 머리를 서너 차례나 거듭 끄덕거려주었다. 그것은 말없는 내 의사를 아주 단순한 행동 하나로 표현한 것이었는데, 이때 내 가슴속에는 뜨거운 덩어리 하나가 폭죽처럼 터지고 있었고 어지러움이 느껴졌다. 그 어떤 사람과의 대화나 인사에서도 느낄 수 없는 기쁘고 즐거운 감격을 나는 그 순간에 느낀 것이었다.

그 할머니와 나 사이에는 무어라고 설명할 수 없는, 보이지 않는 왕거미줄 같은 끈이 이어지고 있었고 서로의 사이를 뜨거운 무엇인가가 번개처럼 왕래하고 있었다.

진실, 그 할머니의 몸짓과 말과 웃음은, 이 세상에서 가장 진실다운 진실 그 자체, 순수다운 순수 그 자체이다.

지금 어떤 세상인가. 거짓말을 진실인 양 떠들고 모두 개그맨이나 코미디언처럼 사는 세상 아닌가. 그 더럽고 어지러운 일들에 대하여, 수많은 학자들이나 시인들이나 사회운동가들이나 노동조합원들의 말들이 참 무성하고 무성하다. 그들이 매끄러운 논리와 증거를 대고 선인들의 금언들을 인용하며 진술한 말들을 대하면서 나는 고개를 살래살래 젓곤 한다. 그러면서 제발 누구인가가 나서서 좀더 감동적인 진실을 말해주기를 기대한다.

그러한 때에, 귀 잡수신 할머니의 하회탈 같은 웃음과 친절하게 설명하려 드는 그 구구한 말들은 얼마나 아름답고 슬픈 진실의 보석인가.

추자 어머니가 뿌리는 향기

━✕ 우리 율산마을에 불가사의가 몇 가지 있
는데, 그 가운데 하나가 나의 살림집 옆에 있는 83세 된 홀아비의
콧구멍만 한 한옥이다. 서울양반이라 불리는 그 영감의 집에는
비가 오나 눈이 오나 마을의 할아버지 할머니들 예닐곱이 모여들
곤 한다.

젊어서 홀아비가 된 서울양반 집은 언제인가부터 노인당이 되
어버렸다. 마을회관에 노인당이 마련되어 있지만 할아버지 할머
니들은 거기에 나가지 않고 이 콧구멍만 한 집으로 모여든다.

나는 이 바닷가 마을로 이사 온 이래 늘 궁금하게 생각한다. 할
아버지 할머니들은 왜 널찍한 회관의 노인당을 버려두고 하필 이
비좁은 집으로 모여들까. 기역자로 되어 있는 이 작은 집은 여름

철에 시원한 바람이 잘 들랑거리지도 않고 나무 그늘이 넉넉하게 있는 것도 아니다.

겨울철이면 운신이 불편한 서울양반이 장작불을 지펴 덥힌 온돌방과 구중중한 홀아비의 이불이 있을 뿐인데, 할아버지 할머니들은 모두 방 한가운데 편 이불 속에 아랫도리를 묻고 이런저런 이야기를 나누기도 하고 잠을 자기도 한다.

그러한 소문은 오래 전부터 마을에 퍼져 있으므로, 마을에 잔치가 열리면, 잔칫집에서 차린 음식들을 큰 함지박에 갖추갖추 담아 머리에 인 아낙 한 사람이 이 집으로 찾아오게 마련이다. 마을의 운신이 불편한 나이 많은 할아버지 할머니들은 잔칫집에 가려하지 않고, 으레 그리로 음식을 차려올 것으로 알고 거기 모여 앉아 기다린다.

두 번째의 불가사의는 추자 어머니*가 하는 일이다. 올해 여든세 살의 추자 어머니는 야릇한 여자다. 추자 어머니는 이 마을의 운신 불편하고 외로운 할아버지 할머니들을 찾아다니면서 음식도 만들어주고 말동무도 되어드린다.

과부인 추자 어머니가 사는 집은 산 밑에 있는데 빨간 양철지붕을 얹은 사간 한옥이다. 아들 셋 딸 셋을 잘 키워 시집 장가보내고

---

* 추자 어머니 : '추자'가 이미 시집갔고 환갑이 가깝지만 사람들은 그녀를 '추자네 어머니'라고 부른다.

혼자 사는 그녀는 아들딸들에게서 다달이 용돈을 몇십만 원씩 받는다.

그 돈으로 돼지고기나 닭고기를 사온다. 그걸 가지고 서울양반 집으로 온 추자 어머니는 요리를 한다. 쌀을 가져다가 밥을 짓는다. 음식을 다 마련해놓은 다음에는 근처의 집집에 외롭게 사는 할머니 할아버지들을 소집한다.

그와 같이 서울양반의 집에서는 거의 날마다 잔치가 벌어진다.

무더운 한여름의 어느 날 읍내에 나갔다가 저녁 무렵에 들어오는데 골목길의 그늘에서, 가느다랗고 쨍 울리는 데가 있는 목소리를 가진 추자 어머니가 홀로 사는 한 할머니의 머리를 감겨주고 있었다. 그 옆에는 다른 운신 불편한 할머니 할아버지들이 앉아 놀고들 있었다.

아내가 외손주를 돌봐주기 위해 서울 딸네 집에 간 지 열흘쯤 지난 어느 초가을 날이었다.

홀아비 신세가 된 내가 저녁을 먹으려고 살림집으로 내려오자 가스레인지 위에 웬 낯선 냄비 하나가 놓여 있었다. 누가 무엇을 가져다놓고 갔을까 하고 뚜껑을 열어보니 석화 향기가 물씬 나는 국이 담겨 있었다.

노모에게 누가 가져다놓은 것이냐고 물었다.

"금메 추자네 어메가 힘들게 석화를 까다가 아들하고 둘이 먹으라고…… 그것 말고도 시래기 주워다가 주고 갈치 속젓갈 얻어다주고, 단감 한 바가지나 가져다주고…….”

노모는 이렇게 줄줄이 헤아리더니 침을 한 번 꿀꺽 삼키고 나서 말을 이었다.

“아야! 참말로 인력만으로는 못하는 일이다! 그 사람 동네방네 돌아다님스롬 혼자 사는 노인네들한테 좋은 일은 다 한단다. 그런디 울산 사는 딸, 광주 사는 딸들이 마찬가지로 다 그런다고 안 하냐?”

독거노인 서울양반은 한 해 전에 먼 세상으로 가셨지만, 마을 노인들은 변함없이 그 빈집으로 모여들곤 한다.

빵 만드는 처녀

장마가 길다. 컴퓨터를 켜니, 부산의 한 예쁜 처녀가 보낸 전자편지가 들어와 있었다.

잠시, 햇볕이 났다는 얘기 들으면 밖에 나가 바람도 쐬고 해도 보고 싶은데…… 일하면서는 그러기가 쉽지 않거든요. 제가 일하는 지하 3층은 음습하니까요. 내일은 일요일이니까 조금 일찍 마치면 해는 못 볼지라도 바람이라도 마시고 돌아다닐까 해요. 문득, 외롭다는 생각이 들어요. 어쩌면, 선생님께서 이 처녀 못하는 말이 없구나 하실지 모르지만, 너무 고독하다고 느껴질 때가 있어요. 잠시, 잠시. 그래서 사람들은 외로움을 위로받고 시로 달래주고, 그리면서 사랑하고 사는 거겠지요? 이런 외로움들 다 힘겹지만 이겨내야만 한다는 것, 늘 그래왔듯 내가 그 속에서 홀로 일어설 때까지는 진정한 자유일 수 없다는 것, 이겨낸 다음 엷은 미소 지을 수 있을 때에만 정말 행복할 수 있다는 것 저 잘 아는데, 그래도 힘들기는 해요. 며칠 전에 본 영화에서 그랬어요. '우리가 자꾸 넘어지고 힘들어지는 건 보다 똑바로 잘 서기 위함이라고…….' 그렇다면 저도 그러는 중인 거 맞지요? 다음 해에는 더 나은 열매 보려고 그러는 것……. 제가 비가 오면 좀 심각해지는 경우가 있어서 가끔은 몸살 났다고 핑계대고, 하루 쉬면서 푹 자고 이것저것 정리도 하고 그래요. 일 년에 한 번쯤 하루 땡땡이의 달콤함이 그리워지는 그런 날입니다. 부산에서 깜찍한 뺀돌이 처자 보냅니다.

오전부터 장마 틈새로 햇살이 반짝 나왔다. 살림집에서 점심 먹고 올라와, 토굴 마당의 감나무 그늘 평상에 앉아 바다를 내려다본다. 부산의 예쁜 처녀의 전화를 기다린다. 점심 때면 그녀는 어김없이 전화를 하곤 한다. 클라리넷 같은 낭랑한 목소리.

그 처녀의 전자편지 주소가 'godmother'여서 그녀를 신모(神母)라고 부른다. 신모답게 항상 즐거워하고 낙천적이고 긍정적이고, 모성이 느껴진다.

지난해 초가을의 어느 날 그 처녀는 한 달에 한 번 있는 귀한 휴가를 이용하여 내 토굴에 왔다. 자기가 만든 빵을 손에 들고, 부산에서 전라도 장흥까지 버스를 타고 왔다. 내 소설 《초의》를 읽고 찾아뵙고 싶었노라고 하며.

수줍어 얼굴이 빨개지곤 하면서도 천진한 생각을 거침없이 드러내곤 하는 처녀였다. 고성에서 아버지 어머니가 농사를 지으며 살고, 부산 오라비 집에서 기숙한다고 했다. 그 처녀가 남겨놓고 간 향기는 토굴 안에 아직도 그윽하다.

"지하 3층에서 하루 13시간 이상씩 일해요. 앉아 쉴 틈이 없어요. 처음에는 다리가 퉁퉁 부었어요. 종일 햇볕을 쬘 수 없으니까 점심시간에는 밥 얼른 먹고 지상으로 올라가서 쬐요. 햇볕을 넉넉하게 쬐지 못하면 우울증에 걸린대요."

묻지 않은 많은 말들을 들려주었다.

"크리스마스 때, 발렌타인데이 때, 명절 때, 토요일, 일요일에는 밤늦게까지 일을 해요. 그래도 내가 만든 빵을 사람들이 맛있게 먹을 거라는 것을 생각하면 늘 행복해요."

휴대 전화기의 신호가 울렸다.

"지금 점심 먹고 볕 쬐러 나왔니?" 내 물음에 그녀는 명랑하게 웃기부터 한다. 내가 거듭 묻는다. "아버지 많이 나아지셨냐?"

고성의 아버지가 교통사고를 당해서 사흘 동안이나 의식이 돌아오지 않았다는 소식을 들은 비 있었다.

"어제는 휴가 받아서 종일토록 아버지하고 지냈어요. 아버지가 전과 달리 어린 양을 많이 하서요.”

내가 말했다.

“오랫동안 의식을 찾지 못하다가 깨어난 환자들은 대개 다 어리광을 부린단다. 치매 환자처럼 다시 아기로 되돌아가는 모양이더라.”

“토굴에도 해 나왔어요? 모처럼 나온 해니까 많이 쬐세요.”

지하에 살다가 잠깐 볕 쬐러 나온 처녀가 넉넉하게 볕 쬐며 사는 나를 염려해주고 있다.

“그래 고맙다. 너 볕 많이 쬐고 들어가거라.”

내 가슴에 환희가 해일처럼 밀려들고 있었다.

봄, 그 괴이한 짐승

➤ 부산 친구 집에서 부음이 날아왔다. 인생의 대부분을 무역선 위에서 보낸 그 친구는 이 항구 저 항구를 돌아다니며 내게 편지와 선물을 보내주곤 했었다.

조문을 하고 12시 가까워 토굴에 돌아오자 아내가 일회용 녹청자 찻잔을 내밀면서 말했다.

"밤늦어서 올라왔는데, 그 사이에 아주 멋진 사람이 다녀갔네요. 봉투 속에 보서요. 재미있는 편지가 들어 있어요."

나는 편지를 꺼내 펼쳤다. 수첩 종이 석 장에 볼펜으로 쓴 것이었다. 촘촘 박아 쓴 글씨들이 매우 고집스럽게 느껴졌다.

전라북도 익산에 사는 금 아무개라는 사람입니다. 선생님의 소설 《초의》를 읽고 초의스님 따라 남해를 여행중입니다. 귀하신 글 어찌 감히 헤아릴 수 있겠습니까만, 나름대로 느낀 바 있어 여쭈어 보고 싶은 것도 있고 해서 왔는데 마침 계시지 않아 그냥 갑니다.

여기 놓고 가는 것은 청자 찻잔입니다. 저를 사랑했던 사람이 마지막으로 '당신은 차가 어울리는 사람'이라며 준 것입니다. 사실 저는 술과 커피가 어울리는 사람이거든요. 제가 이것의 주인은 아닌 듯합니다. 귀한 것 주인 찾아드리고 싶은데, 선생님이 주인인 것 같습니다. 그 사람한테 제가 《초의》를 선물했거든요. 글을 쓰는 사람이에요. 〈대장금〉 서브작가였는데 그 사람 많이 좋아하다 이제 놓아야 할 것 같아서요. 저는 역사를 아주 좋아해요. 직업은 공무원이구요. 계셨으면 가르침 받았을 텐데 아쉽습니다. 선생님의 소설 《초의》 속의 엽전 두 닢을 받아야 할 주인공은 제가 만나는 모든 사람이라고 저는 해석했습니다. 맞는지요?

그럼 내내 건강하시고 좋은 글 부탁드립니다. 다음 뵈올 날 오겠지요. 글 한 자락 해답 한 토막 주시면 영광으로 간직하겠습니다.

편지 끝에 주소가 적혀 있었다.

나는 청자 찻잔을 들고 이리저리 뜯어보고 편지를 읽고 또 읽었다. 봄이 보내준, 아내 말마따나 참으로 멋진 손님이었다.

봄은 이 땅의 모든 것을 흔들어놓고 있다. 그야말로 준동(蠢動)

하는 봄이다. 꽃봉오리들을 폭죽처럼 터뜨리고 잠들어 있던 벌레들과 푸나무의 움들을 터나게 하는 이 봄은 나로 하여금 빚을 지게 한다. 이 멋진 사람에게 진 빚을 어떻게 갚아야 할까.

"알려드립니다. 지난 어촌계 회의 때 결정한 등산로 치는 울력을 오늘 시행합니다. 청장년님들께서는 오후 2시까지 낫이나 톱이나 괭이를 들고 마을 앞으로 나와주시기 바랍니다."

어촌계장의 목소리가 마을의 확성기에서 흘러나왔다. 2시에 톱을 들고 등산로 입구로 갔다. 마을 뒤편의 시옷자처럼 생긴 산의 기슭에서부터 시작되는 등산로였다. 지난해 장마가 길어 내가 다니지 않자 잡풀과 산딸기덩굴이 짙어져서 다니지 못하게 된 산길이었다. 나는 등산을 포기하고 아침운동 길을 농로와 바다 쪽으로 돌려버렸다.

마을 사람들이 나를 위해 등산로를 내주겠다고 나선 것이었다. 풀 베는 기계를 들고 오고, 톱과 낫을 들고 왔다. 그들은 땀을 뻘뻘 흘리면서 가시덩굴을 쳐내고 길을 넓혔다. 벅차오르는 감개를 어찌하지 못한 채 그들의 뒤를 따라갔다. 나는 참으로 복이 많다. 내 힘으로 살고 있는 것이 아니고, 모두 남의 덕으로 살고 있는 듯싶다.

5시가 님어서 길 내는 작업을 나 끝낸 사람들은 마을앞 가게 마당에서 돼지고기 삼겹살에다가 소주를 마셨다.

이튿날 아침부터는 바다 쪽 길을 버리고 다시 뒷산을 오르기 시작했다. 산골짜기에는 춘란의 향기가 가득 차 있었다. 진달래도 벙긋 벌어지기 시작했다.

이 마을 사람들을 위해 나는 무슨 일을 해주어야 할까. 산정에서 떠오르는 빨간 아침 해를 바라보면서 나는 아주 기분 좋은 부채감을 심호흡했다.

펑펑 눈이 오는데 어디 가세요

＞ 울어버리고 싶고 어디론가 사라져버리고 싶었다. 그 스님이 그 절 회주*의 일 떨치고 자기 자리로 돌아갔다는 소식 듣고 밤새도록 엎치락뒤치락하다가 일어난 이튿날, 저녁노을 빨갛게 물드는 서쪽 하늘을 보았던 것이다. 그러나 그것이 울고 싶게 하고 사라져버리고 싶게 하는 까닭은 아니다.

외출했다가 들어오니 자동응답기가 깜박거렸다. 열어보니 외손자 새벽이의 목소리가 녹음되어 있었다.

"펑펑 눈이 오는데 어디 가세요. 나는 유치원에 갑니다. 쌩쌩 바람 부는데 어디 가세요. 나는 유치원에 갑니다."

---

* 회주(會主) : 불교에서 법회를 주장하는 사람이라는 뜻으로 법사(法師)를 이르는 말.

그러나 그것도 그 까닭은 되지 못한다.

며칠 전, 일 년 넘게 써오던 장편소설을 마무리지었는데, 그것을 누구에게인가 한 번 읽히고 소감을 들어보고 싶은데 주위를 아무리 살펴보아도 그럴 만한 사람이 없었다. 세상에 나처럼 고독한 사람이 없다 싶었다. 그러나 그것도 나를 울고 싶게 하고 떠나고 싶게 한 것은 아니었다.

한 달 전에 35평 아파트에 다도 학습장을 마련한 바 있는 한 여자가 다녀갔다. 여느 때와 달리 꼭 끼는 짧은 치마를 입고 온 그 여자는 들어서자마자, 허리나 머리 굽혀 절하거나 아무런 인사말도 하지 않고 그냥 무릎을 꿇고 앉으며 말했다.

"왜 그럴까. 이상하게 쓸쓸하고 퇴락해 보이고 으스스 춥게 느껴지고 그렇네요."

그녀는 바람벽과 창문들과 천장을 휘둘러보고 창밖의 초겨울 뜨락의 나목이 된 감나무와 황달 든 잔디밭에 깔린 낙엽들을 내다보고나서 내 얼굴을 건너다보았다. 매우 측은해 하는 듯싶고 그 사이 가엾게 폭삭 늙어버린 왜소한 늙은이를 대하는 듯싶은 눈빛이었다.

나는 천연스럽게 "그 무성하던 감나무 잎사귀들이 다 떨어져버려서 그러는가? 그럼 보일러를 좀 가동시킬까?" 하며 그녀를 건너다보았다.

내 작품을 읽었다면서 좋은 말씀을 듣고 싶다고 몇 번 찾아왔고 그때마다 늘 명랑하면서도 조심스러워하여 영혼이 매우 향기롭게 느껴지던 여자였다. 한데 이날은 그렇지 않았다. 나는 그녀의 행위들이 전혀 낯설었다.

"차 한 잔 하지."

나에게 있는 차 중에서 가장 향기롭고 맛있다 싶은 차를 우려내면서 다도 학습장이 잘 운영되느냐고 물었다.

"굉장히 잘 돼요. 월요일에 여섯 사람, 화요일에 다섯, 수요일에 여섯, 목요일에 여섯, 토요일에 여섯……."

자신만만한 목소리로 대답하고 나서 자기의 다도 가르치는 철학을 이야기했다.

"차 잘 마시기 운동 차원에서 저는 다도와 예절을 가르쳐요."

마치 자기에게 다도 공부를 하러 온 사람을 앞에 놓고 하듯이 아주 많은 이야기를 했다. 여기저기에서 들은 풍월인 듯싶은 말들. 그 풍성한 말들 가운데는 내가 소설 《초의》에서 쓴 말과 한 잡지사에서 주최한 강연에서 내가 말한 '다도를 가르치는 것은 차의 향기로움과 영혼이 향기롭게 되는 길을 가르치는 것이어야 한다'는 내용도 들어 있었다. 그녀는 그 강연장엘 왔던 것이다. 그녀의 아는 체하는 것이 민망스러워 나는 고개를 떨어뜨렸다. 순간 그녀가 말했다.

"선생님이 만든 차여요? 차가 타버렸구만요."

놀라서 그녀의 얼굴을 건너다보았다. 그녀는 자기가 확언한 탄 맛에 대하여 동의해달라는 듯 내 두 눈을 빤히 뚫어보았다. 그것을 나는 동의해줄 수 없었다.

"이 차, '마법의 향'이라고 할 만큼 그윽한 향을 가지고 있는데……. 그렇게 느껴지지 않는가? 이 차, 장작불을 이용해서 덖은 것이라더라. 마지막 덖을 때에는 오동나무를 지핀다고 했어. 오동나무 불은 130도 이상을 내지 않으니까."

그녀는 나의 세상 물정에 어두움과 과문함을 안타까워하며 말했다.

"도예가들 가운데도 장작불 때서 굽는다는 사람들이 있는데 알고 보면 다 사기여요. 사실은 가스 가마에서 구워놓고 장작불 때서 구웠다고 한다고요."

나는 모멸감을 느꼈고 내 피부는 그녀에게서 날아오는 악취를 읽었다. 닳고 닳은 사람이 품고 있는 불신과 알 것 다 알아버렸다고 자부하는 사람의 넘겨짚기의 못된 버릇과 순수를 깡그리 살라먹어버린 교만.

그녀가 돌아갈 때 낮고 부드러운 소리로 타이르듯이 말했다.

"다도나 예절을 가르치되 홍행은 하지 마라."

박제되어 있는 다도와 예절을 가르치는 그녀의 물새 같은 흰 차가 토굴의 주차장을 빠져나갈 때 나는 배신감과 절망을 느꼈다. 동시에 사람에게서 절망을 느끼고 악취를 맡아낸 나의 넉넉하지 못함과 형편없이 왜소해져 있음이 가증스러워 견딜 수 없었다.

아, 그렇다. 그것이다. 나를 울고 싶게 하고 어디론가 사라져버리고 싶게 한 것은 나의 형편없이 작아진 것, 그것이었다.

하늘에는 진눈깨비 머금은 검은 구름이 어차어차 달리고, 바다는 희부옇고, 잿빛 갯벌 밭은 드넓게 드러나 있는데, 나는 바람 빠져버린 튜브가 된 채로 자동응답기 속의 외손자 새벽이의 목소리를 듣는다.

"펑펑 눈이 오는데 어디 가세요, 어디 가세요. 나는 나는 유치원에 갑니다."

4장_ 선문답하듯이 살아가는 토굴살이

과민한데다 건성피부인 나는 늘 은밀하게 속옷을 뒤집어 입은 채
살아오고 있다. 꺼끌꺼끌한 솔기와 상표 때문이다.
서울을 버리고 장흥 토굴로 이사와버린 것, 성가신 일 생기면 털어버리고
바닷가로 나가는 것, 남의 눈치 보지 않고 내 식의 소설만 쓰고
사는 것이 모두 그와 같은 것이다.

새우젓에서 부처님까지

군청의 문화관광과에서 율산마을 어귀에 내 작가실 '해산토굴' 안내 표지판을 세워놓은 이래 가끔 하늘을 쳐다보며 껄껄거리게 하는 일들이 일어나곤 한다.

지난 이른 봄의 어느 날 초저녁, 살림하는 집에서 밥을 먹고 토굴로 올라와서 바쁘게 확인해야 할 이메일이 있어 컴퓨터를 켜고 있는데 밖에서 자동차 엔진 소리가 들려왔다. 아마 옆집에 누군가가 찾아온 모양이라고 생각했다.

얼마쯤 뒤 현관문 두드리는 소리와 무어라고 말하는 남자의 목소리가 들렸다. 컴퓨터를 끄고 응접실로 나가자 현관문이 벌컥 열리고 있었다. 누가 이렇듯 무례한 짓을 하고 있는 깃인가. 불쾌한 마음으로 응접실을 건너 현관문 앞으로 갔다.

현관문을 열치고 들어오려던 남자는 나를 대하자 어리둥절하여 허리를 굽실했다. 나는 순간적으로 도둑을 생각했다. 이 사람이 무엇을 훔치려고 온 것이 아닐까. 훔쳐갈 것은 카메라와 컴퓨터와 지갑 따위일 터이다.

보통의 키에 선량해 보이는 상대편 남자는 나의 의심하는 마음을 읽은 듯 머리를 조아리면서 말했다.

"의심하지 마십시오. 저는 저 바닷가 '홍일수산'에 키조개 일을 하는 사람입니다."

"아, 네!"

이렇게 말은 했지만 나는 아직 그의 행위에 대한 의혹을 떨쳐버리지 못하고 있었다. 그가 황급히 말을 이었다.

"여기 토굴에 부처님을 모시지 않았습니까? 부처님께 절한 지가 하도 오래돼놔서……. 저 나쁜 사람 아닙니다. 홍일수산 사장님한테 물어보십시오. 저 독실한 불자입니다."

"아, 그렇습니까? 부처님을 참배하시려면 저 건너 정각암으로 가십시오. 저기 저 산줄기 한가운데에 빤히 불 켜져 있는 곳이 정각암입니다."

나는 마당으로 나가서 까물거리는 정각암의 가로등을 손가락질해주었다.

무례를 범한 그는 나에게 머리를 깊이 숙여주고 서둘러 돌아갔다.

　며칠 뒤 오전 11시쯤에 서재에서 작업을 하고 있는데 자동차 엔진 소리가 들려왔다. 내 생활을 잘 아는 주위 사람들은 오전에 나를 찾아오지 않는다. 나에게 있어서 오전 10시부터 12시까지는 황금시간이라는 것을 그들은 잘 알고 있으므로 이 시간대에는 전화마저도 삼간다.

　그런데 현관문 두들기는 소리가 들리고 여인의 목소리가 들려왔다.

　나가보니 40대의 호리호리한 여인과 오동통한 여인이 현관문 앞에 서 있었다. 나는 내 작업을 방해한 그들을 향해 냉랭한 표정으로 어떻게 오셨느냐고 물었다.

　"선생님 소설 《초의》를 정말정말 감명 깊게 읽고, 몇 가지 여쭈어보고 싶기도 하고, 선생님과 사모님께서 직접 따다가 덖으셨다는 향기로운 차 맛을 한 번 보고 싶어서 실례를 무릅쓰고 이렇게 찾아왔습니다."

　앞장선 여인이 호들갑스럽게 말했다. 뒤에 선 여인은 포도주 두 병이 들어 있는 선물 상자를 나에게 내밀면서 말했다.

　"선생님께 찾아가려면 필히 이것을 준비해가야 한다고 해서……."

　시쳇말로 그들은 '쳐들어온 것'이었다.

독자들은 작가에게 의문스러운 것을 물어볼 권리가 있다. 나는 작업을 방해한 그들로 인해서 불쾌하게 앙당그러진 마음의 나사를 느슨하게 풀고 그들을 토굴 안으로 들이고 차를 대접했다. 그들은 내가 낸 차를 마시면서 거듭 찬탄했다.

그로부터 두 달 뒤의 어느 한낮에는 더욱 유쾌한 일이 하나 일어났다.

12시 반쯤에 살림하는 아랫집으로 점심을 먹으러 가려고 현관문을 나서는데 털털거리는 청색 승용차 한 대가 주차장으로 들어섰다. 마당으로 나가서 그 차에서 사람이 내리기를 기다렸다.

차문을 열고 나온 사람은 검정 바지에 암갈색 점퍼를 걸친 50대로 보이는 남자였다. 얼굴은 구릿빛이었다. 그가 나를 향해 걸어왔으므로 내가 그에게 물었다. 어떻게 오셨느냐고.

그가 나에게 물었다.

"여기 새우젓 파십니까?"

나는 어처구니가 없어 말없이 도리질을 했다.

그는 낭패를 당한 듯 얼굴을 일그러뜨리면서 쓴 입맛을 다시고 돌아갔다. 새우젓을 저장했다가 팔지도 않으면서 왜 토굴이라는 간판을 달아놓고 괜한 사람을 헛걸음질하게 하는가 하고 불만스러워하며 그는 돌아가고 있지 않을까.

돌아가는 자동차의 뒷모습을 한동안 바라보다가 연못 가장자

리를 밟으며 아랫집을 향해 갔다. 그러다가 "아하! 그렇다!" 하고
소리쳤다. 하늘을 쳐다보면서 껄껄 웃었다.

　오랫동안, 온도의 변화 심하지 않은 토굴 속에 저장한 까닭으로
맛깔스럽게 곰삭은 새우젓갈과 나를 늘 편안하게 해주시는 금빛
의 부처님과 내 아내가 빚은 향기로운 차와 풋늙은이 소설가 한
승원의 곰삭은 소설은 어떻게 다르고 어떻게 같은 것일까.

　그래, 그것이 그것이다.

속옷 뒤집어 입기

➤ 5년 전 어느 봄날 한낮에, 토굴에서 작업을 하다가 점심을 먹으러 살림집으로 가서 어머니의 방에 들어갔다.

이날 어머니에게 이상스러운 일이 일어나 있었다. 어머니는 속옷을 뒤집어서 입고 계셨다. 뒷목에 드러난 상표와 소매와 몸통 부분 이음새 솔기의 용수철처럼 감친 것들이 볼썽사나웠다.

나는 놀라 어머니의 얼굴을 새삼스럽게 살폈다. 혈색과 눈동자를 살피고 안면 표정을 살폈다. 혹시 치매가 생기지 않았을까. 그러나 이상스러운 기색을 찾아볼 수 없었다.

"아니 왜 내의를 뒤집어 입고 계셔요?"

어머니는 밥상 앞에 앉은 다음 나지막한 소리로 말했다.

“모가지에 딱지 붙은 것하고 솔기 감친 것들이 섬섬섬(스멀스멀) 가려워서 못 견디겠어서……..”

“아따, 보기 흉한디……..”

이 말을 하고 나서 나는 속으로 생각했다. ‘어머니의 속옷을 볼 사람도 없고 그에 대하여 험구할 사람도 없는데, 편하면 좋지 뭐.’

한 해가 지난 어느 날 나는 뒷목 살갗에 심한 가려움을 느꼈다. 러닝서츠의 목선 근처에 붙어 있는 상표 때문이라는 것을 알아차렸다. 나는 노모가 내의를 뒤집어 입고 계시던 것을 떠올리고 당장에 벗어서 상표를 뜯어내버렸다. 그러자 가려움증이 없어졌다. 노모의 지혜를 생각하고 빙그레 웃었다. 나는 어머니의 건성 체질을 닮은 것이다.

그런 지 얼마쯤 뒤에 나는 허리와 어깨와 몸통과 사타구니에 닿는 속옷의 솔기 감친 부분들이 살갗을 긁작거리는 것을 느꼈다. 그렇지만 감히 뒤집어 입을 생각을 하지 못했다. 천사의 옷은 바느질 흔적이 없다는 말을 들은 적이 있다. 사람으로서 그러한 옷을 바랄 수는 없을 터이다. 그러므로 인고할 수밖에.

한데 어느 술을 많이 마신 다음 날 한낮에 나는 여느 때보다 더 내의의 솔기 부분늘에 신경이 쓰였다. 견디다 못하여 속옷을 뒤집어 입어버렸다. 그러자 편안해졌다. 내가 내의를 뒤집어 입고 다니는 것을 뚫어보는 눈을 가진 사람이 있으랴.

남 아니면 오뉴월에 벌거벗고 산다는 말이 있다. 옷은 자기의 편의와 품위와 자기표현만을 위해서 입는 것이 아니고, 다른 사람의 눈의 위생과 미적 감각을 위해서 입는다. 사람이기 때문에 옷을 입는다. 옷은 체온을 지켜주고 햇빛과 바람을 막아줄 뿐만 아니라, 부끄러움을 덜어주고 사회적인 신분을 나타내주고 체면과 염치를 지켜준다.

또한 그것은 일종의 포장술이므로 어찌할 수 없이 입는 사람의 허위와 가식도 드러내준다. 그러므로 상표와 바느질 자국을 가능하면 안쪽으로 감출 필요가 있다.

그러나 살갗에 밀착되는 속옷은 그럴 필요가 없을 터이다. 그럼에도 불구하고 속옷 장수들은 속옷을 겉옷처럼 만들어 판다. 건성피부인 사람들은 속옷의 상표와 꿰매고 감친 솔기를 살갗에 대고 입는 것이 고통스러울 수밖에 없다. 그야말로 인고의 삶이다. 그것은 허위와 가식의 버릇으로 말미암은 것이다. 주위 사람들의 눈을 어지럽게 하지 않는 범위 안에서 편해지는 길이 자기의 몸과 마음을 향 맑게 기르는 것 아닌가. 스스로가 편해지고 향 맑아질 때 세상도 향기로워진다.

따지고 보니, 내 삶에 있어서 나는 늘 은밀하게 속옷 뒤집어 입기를 해오고 있었다. 서울을 버리고 장흥 바닷가 마을로 이사와

버린 것, 남의 눈치 보지 않고 내 식의 소설만 쓰며 살아온 것, 글이 잘 풀리지 않거나 성가신 일이 생기면 털어버리고 바닷가나 뒷산으로 산책을 나가버리곤 하는 것이 모두 그것이다.

이 글을 읽으신 당신의 건성피부가, 당신의 삶이 필요 이상으로 민감하게 세상을 향해 반응할 경우 나처럼, 속옷 뒤집어 입기를 한 번 시도해보시기 바란다.

시들어진 꽃다발을 버리면서
―껌처럼 씹어야 하는 허무

작가실인 이 토굴을, 나의 멀고 먼 미래를 담을 무덤이라고 생각하며 산다. 그 토굴 마당에는 잔디를 깔고 탑과 석등을 놓았다. 철쭉나무, 조팝나무, 치자나무도 심고 연못을 파고 수련을 심었다. 그것은 무덤 외부의 장엄*이다. 토굴의 거실 한복판에 '바다'라고 이름붙인 열반부처님 사진을 모시었다. 그분의 주위를 시시때때로 장엄하곤 한다. 향도 피우고 꽃도 바친다. 선물 받은 것들은 다 그 앞에 먼저 놓아드린다.

그 바다 장엄하기는 나의 삶을 차분하게 가라앉히기이고, 나의 중심이 흔들리지 않도록 말뚝 단단히 박아 고정시키기에 다름 아

---

* 장엄 : '장식'과 동의어.

니다. 세상의 모든 물은 바다로 흘러들어간다. 나도 그 바다로 흘러가게 될 터이고 한 방울의 바닷물이 될 터이다.

그분 앞에 놓은 한아름의 꽃다발이 열흘쯤 지나자 시들어지고 말라져 흉물스러워진다. 아쉽고 슬프지만 그것을 가지고 나가서 휴지 소각장에 버린다.

한 강연장에서 백합 꽃송이처럼 피어난 여학생으로부터 받아, 열화처럼 뜨거운 박수와 함께 가슴에 안은 한아름의 꽃다발이다. 분홍색의 장미꽃 100송이에 안개꽃이 보얗게 수놓인데다 분홍색의 엷은 천으로 우아하게 감싼 꽃다발.

그 꽃다발을 나의 토굴 한 중심에 놓으면서 가슴이 뻐근했다.

이제 시들어진 꽃다발과 함께 열화처럼 뜨거운 박수도 버리고, 그것을 받은 순간의 얼떨떨했던 환희와 뻐근하던 기억도 버린다. 박수와 환희는 사람을 쓸쓸하게 하고 서글프게 한다. 바람 빠진 튜브처럼 썰물 진 갯벌 밭처럼 적막하게 한다.

갯벌 밭을 등지고 돌아선다. 토굴 현관을 향해 황달 든 잔디밭을 걸어간다. 나목이 되어 있는 늙은 감나무의 거무스레한 잔가지들을 쳐다본다. 까치밥 하나도 달려 있지 않은 그 잔가지들 사이로 반물색의 하늘이 드높다. 까치밥 하나도 남지 않게 된 것은 산까치들의 탐욕스러운 공격 때문이었다. 늦은 가을이다. 그 감나무를 등진 채 잿빛 갯벌 밭을 다시 내려다본다.

갯벌 밭을 내려다보면서 감성 여린 시인이 된다. 엉엉 소리쳐 울고 싶어진다. 아, 나도, 누구인가가 박수를 받으면서 가슴에 안 았던 한아름의 꽃다발이지 않았을까. 그것은 시들어 버려지기 직전에 이르러 있다.

자기 몸이 향기를 잃고 구중중한 냄새나는 여자로 전락하고 있다는 생각으로 슬퍼진 한 여자가 5월 어느 날 아카시아 꽃밭에 갔다. 그 꽃송이들을 한 봉지 따다가 병에 담고 물을 부어놓았다. 코와 허파 부풀어 터지게 하는 아카시아의 향내를 빨아먹은 물이 맑은 향수로 변하리라. 그 맑은 향수를 솥에 넣고 달이면 아주 진한 아카시아 향수가 되리라.

열흘 뒤에 여자는 아카시아 꽃송이 넣은 물병의 마개를 열었다. 맑은 향수를 솥에 붓고 달이기 위해서였다. 그런데 그 물에서는 향내가 나지 않았다. 향기는 어디론가 사라지고 구린내만 났다. 물과 함께 아카시아 꽃송이들이 썩어버린 것이었다.

겉으로 드러난 모든 화려하고 사치스러운 것들은 마침내 시들고 말라지고 썩어 소멸된다. 내 몸을 화사하게 만들고 있는 머리털과 손톱과 발톱과 눈썹과 매끄럽고 부드러운 살과 뼈들도 부패하여 한줌 흙이나 재로 변할 터이다.

시방 내가 앉아 있는 자리에는 무엇이 남아 있게 되는 것인가. 아무 것도 남지 않게 된다. 드디어 없음으로 되돌아가는 것이다.

껍처럼 씹어야 하는 허무.

지신의 머리털처럼 앙상한 늦가을 나목의 잔가지들 밑에서 낙엽을 밟으며 썰물로 인해 드러난 잿빛 갯벌 밭을 내려다보면서 생각한다.

나에게 있어서 글쓰기란 무엇일까.

바야흐로 움트는 새싹에서 탄생의 환희를, 티끌처럼 작고 앙증스러운 들꽃에서 하늘을 향해 쏘아올리는 폭죽 같은 사랑을, 불그죽죽해진 채 떨어지고 말라 비틀어져 차가운 바람에 들쥐떼처럼 쫓겨가는 낙엽에게서 윤회를 느낀다.

큰 사건이 아니고, 미세한 바람결에 고개 내젓는 나뭇잎의 웃음 같은 하잘것없는 사건에서 가슴 뜨거워지는 나의 모습을 발견하고 문득 놀라 가슴앓이하는 또 하나의 나의 감정의 무늬와 결을 기록한다. 사실은 이것이야말로 외경스러운 큰 우주적인 사건이다. 그 감정의 무늬와 결은 무엇인가. 무몰(無沒), 영원히 없어지지 않는 우주를 만드는 씨앗이다.

그렇다. 강연장에서 박수와 함께 받은 꽃다발처럼 버려지고 소멸되지 않을 수 없지만, 우주를 만드는 씨앗으로 남고 싶다.

노스님의 목탁

제자나 후배들이 찾아와 써온 소설을 내밀면서 말한다.

"과연 제가 소설을 쓸 수 있는 자질이 있기나 한 것입니까?"

내가 말한다.

"아니 그것을 나한테 물어보면 어떻게 할 것이냐? 너 스스로에게 물어보아야지."

"죽어라고 열심히 써보기는 하지만 다 써놓고 나면 제대로 된 것인지 확신이 서지를 않습니다. 저에게는 소질이 없는 것 같습니다."

그들은 자신 없는 말투와 슬픈 목소리로 이렇게 말하곤 한다. 이때 나는 그들에게 해주는 이야기가 있다.

사람들은 흔히 어떤 일을 열심히 해보았는데도 되지 않더라고 말하곤 한다. 장사를 하는 사람, 농사를 짓는 사람, 고기를 잡는 사람, 그림을 그리는 사람, 그릇을 굽는 사람, 글을 쓰는 사람……

그런데 그러한 말을 한 사람치고 제대로 미친 듯이 그 일을 해본 사람은 아무도 없다. 다만 하는 체했을 뿐이다. 그랬기 때문에 되지 않은 것이다.

하는 체하기만 한 사람은 정말로 목숨을 걸고 열심히 하지 않았으므로 한 번도 절망을 해보지 않은 사람이다. 절망은 어떤 일을 오롯하게 성취하려는 사람만 늘 하게 되는데 그것은 사람을 다시 태어나게 한다.

한 절에 목탁을 깎는 늙은 스님이 있다. 그 노스님은 귀가 절벽이다. 다른 사람의 말을 알아듣지 못한다. 그러므로 의사소통이 되지를 않는다. 그 노스님이 만든 목탁은 이 땅 안에서는 최고품이다. 목탁을 치고 사는 스님들은 그 노스님이 만든 목탁을 가지고 싶어한다. 그 목탁 소리는 웅숭깊고 그윽하고 애절한 듯하면서도 듣는 귀를 밝게 뚫어준다. 그 소리를 듣고 나면 속이 후련해질 정도로 탁 트인다. 그러면서도 곱고 아름답다.

그 노스님은 불경 한 줄도 알지 못한다. 읽을 줄도 모른다. 물론 선(禪)이라든지 깨달음이라든지에 대해서도 모른다. 자기 이름자도 그릴 줄 모른다. 그가 언제 그 절에 들어와 목탁 깎는 일을 하기 시작했는지 아는 사람이 없다.

그는 절 안에서 재를 지내거나 무슨 울력이 나거나 사월 초파일이 돌아오거나 다비식이 있어도 아랑곳하지 않고 목탁만 깎고 있는 것이다. 목탁 깎는 일 외에는 아예 쓸모가 없는 스님인 것이다.

또 그는 자기가 만든 목탁이 이 땅에서뿐만 아니라 전 세계에서 가장 뛰어난 명품이라는 것도 알지 못한다. 그 목탁이 수없이 많은 중생들의 미망(迷妄)을 열어준다는 것도 모른다.

그 스님이 만든 명품은 수요가 달린다. 그 명품을 가지고 싶어하는 스님들이 줄을 서 있다. 심지어는 마을 사람들도 가지고 싶어한다. 사람들은 그 노스님에게 빨리 만들어내라고 성화다. 열흘 만에 한 개 만들던 것을 일주일 만에 한 개씩, 닷새 만에 한 개씩, 사흘 만에 한 개씩 만들어보라고 재촉하는 것이다. 그 노스님은 재촉하는 대로 만들어내지를 않는다. 한결같이 열흘 만에 한 개씩 만들고 있을 뿐이다.

그 노스님은 감기를 앓을 때나 열병을 앓을 때나 하루도 거르지 않고 목탁 깎는 일을 계속한다. 시냇물이 밤낮으로 한결 같은 소리를 지르면서 일정한 속도로 흘러가는 것처럼 그는 자기의 일을 하는 것이다.

그 노스님한테 목탁을 깎는 일이란 무엇일까. 그에게서 목탁 깎는 일을 빼앗아버린다면 어떻게 될까.

그 목탁 깎는 일은 소설을 쓰는 나의 무엇에 해당될까. 나는 그 노스님처럼 한결같이 소설 쓰기를 해왔을까. 도를 닦는 것은 무엇일까. 그 노스님의 목탁 깎는 일이 도를 닦는 것 아닐까.

내 목탁이 남들의 손에서 어떤 소리를 어떻게 내고 있는가를 괘념할 필요는 없다. 다만 미친 듯이 꾸준히 같은 속도로 만들어내면 되는 것이다.

시 쓰는 마음에 대하여

      ➤ 마당의 감나무 그늘에서 찾아온 젊은 나그네와 마주앉았다. 나그네는 장차 시인이 되려고 하는 30대 초반의 남자였다. 여느 때와 달리 감나무 그늘이 무겁게 느껴졌다. 뒷산에서 흘러온 뻐꾹새 울음소리가 그늘에서 맴을 돌았다.

  "시는 어떠한 마음으로 써야 합니까?"

  그가 물었고, 나는 한동안 머뭇거리다가 대답했다.

  "공자가 시 쓰는 마음을 사무사(思無邪)라고 했지 않습니까. 거짓이 없는 마음을 가지라는 것이겠지요."

  관념적인 말을 뱉어낸 나 자신이 싫었다. 나는 여느 때 어떤 일에 대하여 구구하게 설명하는 것을 싫어한다. 나그네가 재우쳐 물었다.

"거짓 없는 마음이란 어떠한 마음을 이르는 것입니까?"

나는 말이 막혔다. 그럴 경우 비유를 들어 말하는 수밖에 없다.

"젊은 시절, 내가 중학교 교직에 있을 때 학생들의 소지품 검사를 했는데, 한 남학생이 호주머니 속에 손거울을 가지고 있었습니다. '무얼 하려고 이 거울을 가지고 다니느냐? 너 혹시 이것으로 여학생들 희롱하려는 것 아니냐?' 하고 내가 묻자 그 학생은 펄쩍 뛰었습니다. '아닙니다. 꽃에게 제 얼굴이 얼마나 아름답고 예쁜가 보여주려고 가지고 다닙니다.' 옆에 있던 한 교사가 참견을 했습니다. '하아, 이 자식, 말도 안 되는 소리를 하네.' 그러나 나는 가슴이 화끈 뜨거워지는 것을 느끼면서 그 학생에게 물었습니다. '그렇게 하는 것을 누구에게서 배웠느냐?' '제 할머니요.' '꽃에게 손거울을 비쳐주면 꽃이 제 얼굴을 알아보고 좋아한다는 것이냐?' '그렇게 해주면 꽃이 더 예쁘게 핀답니다' 하고 그 학생이 대답했습니다. 나는 그 학생에게 '너야말로 시인이다' 하고 말했습니다."

초여름의 맑은 하늘에 흰 구름들이 떠가고 있었다. 나는 그를 위하여 한 가지 비유를 더 동원했다.

"식물 심리학자가 이런 실험을 했습니다. 방 안에 국화꽃 화분 하나를 놓아두고 한 사람에게는 들어가서 칼로 가시를 사르고 회초리로 잎사귀들을 사정없이 후려치게 한 다음 나오게 하고, 다른 한 사람에게는 들어가서 '아이고 웬 꽃이 이렇게 예쁘냐?' 하고 찬탄하면서 향기를 맡아보고 물을 주고 벌레를 잡아주고 나오게 했습니다. 그런 다음 화분의 국화꽃잎과 줄기와 잎사귀들 여기저기에 전자 감응 장치를 해놓고, 먼저 꽃을 학대한 사람을 들어가게 하여 감응도를 측정하고, 다음에 꽃을 예쁘다고 찬탄한 사람을 들어가게 하여 감응도를 측정했습니다. 그랬더니 학대한 사람이 들어올 때 부들부들 떠는 감응이 나타났고, 예쁘다고 찬탄한 사람이 들어올 때는 편안해 하는 감응이 나타났습니다."

처마 끝의 풍경이 청아한 소리로 노래하고 있었다. 내가 말을 이었다.

"후배 소설가 한창훈 씨가 이러 글을 쓴 적이 있어요. '거문도 외가엘 갔더니, 감나무에 감 세 개가 열려 있었다. 자세히 보니, 그 감나무의 열매가 아니고, 다른 나무의 감을 달아놓은 것이었다. 외할머니에게 왜 그렇게 했는지 물었더니, 이 나무가 열매 여는 것을 잊어버렸는지 어쨌는지 몇 해 전부터 열리지 않기에, 감아, 너도 이 감 보고 이런 감 좀 주렁주렁 열어라이, 하고 그래 놨다, 하고 말했다. 몇 해 뒤에 다시 외가엘 들렀더니 신통스럽게도 그 감나무에 감들이 주렁주렁 열려 있었다.'"

나그네가 고개를 끄덕거렸다. 내가 말했다.

"식물도 사랑과 정(情)을 좋아합니다. 하물며 사람은 어떠하겠어요? 시를 쓰는 일은 착한 삶을 살아가려는 훈련에 다름 아닙니다. 시를 쓰는 마음은 장차 반드시 시인이나 소설가가 되려는 것이 아니어도 좋습니다. 시를 쓰는 마음은 세상을, 우주를 내 몸처럼 사랑하는 일입니다. 꽃에게 제 얼굴을 보여주려 하는 사랑하는 마음으로 시인이 되어야 하고, 그러한 마음으로 의사가 되어야 하고, 학교 선생님이 되어야 하고, 국회의원이나 군의원이나 장관이나 대통령이 되어야 하고, 판사나 검사가 되어야 하고, 은행장이 되어야 하고, 삼성전자 회장 같은 사람이 되어야 하고, 사업가가 되어야 하고, 건설회사 사장이 되어야 하고, 철학자가 되어야 하고, 택시 운전사나 버스 운전사가 되어야 하고, 농부가 되어야 합니다. 그리하면 이 세상은 정말로 살아갈 만한 가치가 있는 극락 같고 천국 같은 세상이 될 것입니다. 꽃에게 손거울로 제 얼굴을 보여주는 마음으로 세상을 살아가면 시는 그 마음에 보석처럼 앙금지게 마련일 것입니다."

　남풍이 불어왔고, 처마 끝의 풍경이 뻐꾹새의 울음에 화답하고 있었다.

광기 혹은 우주의 율동

➤ 꽃 앞에서 광기(狂氣)를 생각한다.

연분홍의 살구꽃들과 희고 붉은 꽃 복숭아들이 만발했다. 벌들이 꿀을 빨기 위해 몰려들어 잉잉거린다. 철쭉 꽃망울들도 바야흐로 터지고 있다.

지난 늦가을에 철쭉나무 1천여 그루를 삼층석탑 주위에다 다닥다닥 대붙여 심었다. 번번한 꽃동산이 되었다. 불타오르는 꽃동산. 꽃들도 광기를 부리고 있지만, 나도 사실은 광기를 부린 것이다.

우주는 어질지 않고 잔인하다. 남아시아 지진 해일을 보면 우주의 율동 자체가 잔인함으로 점철되어 있다고 말할 수밖에 없다.

돼지 키우는 사람의 말을 들어보면 돼지들이 유희를 즐긴단다.

바람 쐬고 '해바라기' 하고 운동하라고 돼지들을 넓은 공간에 내놓으면 잔인한 유희를 볼 수 있다는 것이다.

어느 돼지 한 마리의 꼬리가 반대쪽으로 꼬부라져 있으면 한 돼지가 그것을 장난스럽게 물어뜯는다. 거기에서 피가 나면 옆의 다른 돼지가 피 삐죽거리는 그 괴상하게 생긴 꼬리를 물어뜯는다. 상처 입은 돼지는 공격을 피해 달아나지만 돼지들은 물어뜯는 재미로 계속 공격을 하는 것이다. 이빨 끝에 씹히는 맛을 즐기는 것이다. 이빨이라는 것은 깨물어 씹도록 마련되어 있으므로 사용해야만 재미를 느끼게 된다. 바퀴를 보면 굴리고 싶고 칼을 손에 들고 있으면 찌르고 싶어지고 총이 있으면 쏘고 싶어지듯. 마침내 엉덩이에 상처를 입은 돼지는 피를 흘린 채 기진맥진해서 쓰러져 죽는다.

내가 젊은 시절에 닭 70마리쯤을 원시적인 방법으로 마당에 놓아먹인 적이 있다. 그때도 이와 비슷한 일이 벌어졌다.

한 처녀 암탉이 첫알을 낳다가 항문에 상처가 났다. 주위의 닭들이 저게 왜 저렇게 빨갈까, 하는 호기심으로 그곳을 쪼아댄다. 이놈도 쪼아보고 저놈도 쪼아본다. 상처 입은 암탉은 도망을 치지만 다른 닭들은 그녀를 희롱하듯이 쫓아다니면서 공격을 한다. 마침내 그 암탉은 밑구멍으로 피를 쏟은 채 죽어갔다.

해방되던 해, 나는 일곱 살로 시골 초등학교에 들어갔는데 2학

년 때부터 왕따를 당했다. 그때는 같은 반의 모든 학생들이 나보
다 서너 살 혹은 네댓 살씩 나이가 많았다.

나는 좋은 성적을 받곤 했다. 내 성적표에는 늘 국어, 산수, 자
연, 사회, 음악 따위가 모두 갑(수)이었다. 등위는 1등 아니면 2등.
같은 반의 나이 많은 동무들은 나의 성적이 제대로 평가된 것이
아니고, 내 아버지와 담임선생 사이의 친밀함 때문이라고 나를
미워했다. 그들은 내 성적표를 빼앗아 돌려보면서 담임선생과 내
아버지를 증오했고 내 성적표에다가 침을 뱉어 내던져버렸다. 나
는 슬퍼하면서 처참하게 뒹구는 성적표를 집어들었다.

이후로 난 쓸쓸하게 그들의 뒤에 멀리 처진 채 다녔다. 그것도
보기 싫었던지, 아이들은 고추를 꺼내 길 한복판에 오줌으로 가
로 금을 그어놓고 건너오지 못하게 막았다. 그들은 내가 당하는
수모를 즐기고들 있었다. 그렇지만 나는 그 사실을 담임선생과
아버지에게 일러바쳐 혼내주라고 말하지 못했다.

요즘 아이들이 일진회를 조직하고 아이들을 끌어들여 괴롭힌
다는 소리를 들으면 슬퍼진다.

도깨비들을 생각한다. 도깨비에게는 인간의 광기가 어려 있다.
도깨비는 심심하면 산을 허물어뜨린다. 그랬다가 다시 쌓는다.

한 과부가 남편을 잃고 슬피 울고 있었다. 이것을 본 도깨비들
은 공동묘지에서 죽은 사람들의 남근을 끊어다가 그 과부의 집

마당에 두두룩하게 쌓아놓았다. 과부는 기가 막혀 더욱 슬프게 울었다. 도깨비들의 광기 어린 성정을 잘 아는 한 영감이 과부에게 귀띔을 했다.

"오늘밤에 도깨비들은 틀림없이 당신이 어찌하고 있는지 엿보려고 다시 찾아올 것이오. 그때 돌아가신 남편 혼령에게 이렇게 말을 하십시오. '여보, 누가 이 좋은 것들을 우리 집 마당에다가 이렇게 많이 쌓아놓았는지 모르겠소. 내가 귀신점쟁이한테 점을 쳤더니, 이것들이 하룻밤만 더 지나면 모두 황금으로 변한답니다. 나는 큰 부자가 되게 생겼소.'"

과부가 그 영감의 말대로 했더니 도깨비들이 엿듣고 모두 가져가버렸다.

이튿날 마을 영감이 다시 찾아와 말했다.

"도깨비들을 만난 김에 그들을 잘 이용해보시오. 오늘밤에는 이렇게 말해보시오. '도깨비들이 내가 밉다고, 우리 논밭에다가 세상에 널려 있는 모든 개똥이나 쇠똥들을 다 주워다 깔아놓으면 어떻게 할까! 정말로 큰일이다!'"

과부는 그가 시키는 대로 했는데, 그날 밤에 도깨비들은 세상의 모든 개똥과 쇠똥들을 주워다 깔아놓았고, 이듬해에 과부의 농사는 풍삭이었다.

그렇다. 우주의 광기를 잘 이용하면 오히려 복이 될 수 있다.

여름 사냥 이야기

내가 사용하는 사전에는 피서라는 단어가 없다. 여름 사냥이라는 말이 입력되어 있을 뿐.

이 여름에는 큰 무더위를 두려워할 것도 골치아파할 것도 없다. 무더위의 덩치가 클수록 사냥꾼은 신명이 난다. 여름 사냥을 위하여 첩첩 산중이나 깊은 섬으로 들어가지 않는다. 비행기 타고 겨울 나라로 떠나지도 않는다.

미욱한 일이라고 한심스러워할지 모르지만, 나는 내 토굴 안팎에서 그놈을 사냥하는 데에 이골이 나 있다. 사냥에 사용되는 것들은 컴퓨터, 바퀴와 엔진 달린 풀 깎기, 짊어지는 풀 깎기(예초기), 두 손으로 쓰는 전정가위, 선풍기와 에어컨 따위이다.

올해에는 사냥거리가 하나 더 늘어났다. 지난해 늦가을에, 뒤란 언덕 위의 500평 대밭의 대들을 솎아내고 차씨를 심어놓았는데, 거기에서 씀바귀, 솜대, 쑥, 바랭이, 도토리나무, 아카시아나무, 육손이덩굴, 며느리밑씻개덩굴 따위가 내 세상이다 하면서 솟아 올라오는 까닭에 그놈들을 예초기로 쳐내야 한다.

이제 겨우 반 뼘쯤 자란 어린 차나무들을 그놈들이 덮어버리지 못하게 쳐내주어야 하는 것이다.

거기에 차씨를 심어준 것은 순천 선암사 아래에 사는 차의 명인 신광수 씨이다. 그는 손수 인부들 여섯 사람과 자기 차밭에서 딴 씨 세 가마니를 차에 싣고 와서 기계톱으로 대나무들을 솎고 괭이로 땅을 파고 씨를 들였다. 고마운 그분의 사랑과 정성을 생각해서라도 나는 기어이 이 대밭을 죽로차 밭으로 만들어야 한다.

이것은 신선놀음이 아니다. 농사는 아무나 짓는 것이 아니다.

아침이면 한 30분씩만 잡풀들과 싸우기로 작정했다. 앞으로 4년 동안은 그렇게 해야 어느 정도의 차밭 모양새가 갖추어질 것이라고 신 명인은 예언했다.

소설가가 500평의 죽로차 밭을 소유한다는 것은 탐욕일지도 모른다. 시방 예순일곱 살이므로 죽로차 밭이 조성되고 찻잎을 따기 시작할 때는 내 나이 일흔두 살이 된다.

아침마다 앞바다 모래밭을 한 바퀴 휘돌아오곤 하는 50분쯤의 운동 대신에, 땀 뻘뻘 흘리면서 예초기를 운전한다. 그런 다음 태양열 온수기에서 나온 뜨거운 물에 찬물을 섞은 미지근한 물로 목욕을 한다.

이 풋늙은이의 몸은 30분쯤의 노동으로 말미암아 곧 땀투성이가 되고 숨이 가빠진다. 후유우, 한숨을 쉬면서 투덜거린다.

"그 차를 대관절 몇 년 동안이나 따 마시고 죽으려고 시방 내가 이러는지 모르겠네!"

아내는 '당신이 자청한 일 아니오?' 하고 면박 주지 않는다. 아주 당연한 말을 한다.

"누군가가 당신 말하면서 잘 따다가 마시겠지요."

수락마을 친구는 나의 예초기 사용을 말렸다.

"예초기 위험하네. 우리 나이에 예초기 운전 힘들어. 날이 돌에 부딪치면 깨져 날아온다네. 잘린 대쪽이 날아오기도 하고……."

나는 위험에 철저하게 대비한다. 두꺼운 코르덴 바지를 입고 목이 긴 장화를 신고 눈 보호를 위하여 안경을 끼고 얼굴을 가리는 철망 투구를 쓴다. 차나무를 덮는 잡초들의 우듬지만을 자를 뿐 그들의 밑동을 자르려 들지 않는다. 돌이나 대 뿌리에 예초기의 날이 부딪치지 않게 하려는 것이다.

이 여름에 내가 다스려야 하는 것은 차밭만이 아니다. 어머니 계시는 살림집의 마당과 내 토굴 마당의 잔디는 늦은 봄부터 여름 끝판까지 네 차례는 다스려야 한다. 그 잔디를 다스리는 데에는 바퀴 달린 예초기를 사용한다.

베어낸 지 보름쯤이면 발목이 묻힐 정도로 잔디가 자라버린다. 또 토굴 마당의 가장자리에는 죽순과 모시나무들과 명아주와 닭의장풀, 쑥, 띠풀, 바랭이 따위가 그야말로 미친 듯이 자라버린다. 나는 그들의 저항을 용납할 수 없다. 전정가위로 다스려야 한다.

감나무 옆에 만들어놓은 다섯 평 넓이의 철쭉 꽃동산이 있는데 그 꽃나무들은 한 해에 두 차례는 정지를 해주어야 한다. 봄철에 꽃이 지고 나서 한 번 그리고 7월 말경에 다시 한 번. 정지해주지 않으면 이발해주지 않은 머리처럼 가지들이 솟아오른다.

대나무의 뿌리는 지독스럽게 아귀차다. 그 꽃동산의 땅 밑으로 뻗어가서 뿔이나 죽창 같은 죽순들을 밀어올린다. 그들을 쳐내지 않고 그대로 둔다면 그곳이 한두 해 안에 대밭으로 변하고 말 것이다.

주차장 옆의 연못 주위에 심은 살구나무와 매화나무와 두릅나무에는 한 해에 한두 차례쯤 진딧물 약을 뿌려주어야 한다.

아름드리 조경석 틈에 심은 철쭉나무와 야생초들도 돌보아야 한다. 아내는 무릎이 성치 않음에도 불구하고 부지런히 잡초들을 뽑아준다.

주인인 내가 죽은 다음을 생각한다. 한두 해만 방치한다면 이 토굴은 폐가처럼 묵이버릴 것이다. 대밭이 될 것이고 거미들이 앞다투어 집들을 지을 것이다. 시방 만들고 있는 죽로차 밭도 솜대들과 아카시아나무, 떡갈나무들이 뒤덮어버릴 것이다. 그리고 도깨비들과 귀신이 출몰할 것이다.

힘이 들더라도 이 토굴과 시방 조성하고 있는 뒤란 언덕 위의 죽로차 밭을 묵지 않게 잘 다스려야 한다. 이것이 탐욕일까. 그렇다면 살아 있음이 탐욕 그 자체인 것이다. 그래, 탐욕일지라도 좋다.

내가 이곳에서 숨 쉬고 살아 있는 한 이 토굴과 차밭은 묵지 않을 것이고, 이 토굴과 차밭이 묵지 않는 한 나는 살아 있을 것이다.

스님들이 왜 구름처럼 '버리고 떠나기'를 하는지 그 깊은 속을 알 만하다. 소유하고 살아간다는 것은 고통의 연속이다. 삶 속에서 고통을 버린다는 것은 삶을 버린다는 것이다.

아침마다 땀 흘리며 집 관리 차밭 관리하고 아침밥 먹은 다음에는 서재로 들어간다. 작가의 머리와 컴퓨터 내부가 묵으면 안 된다. 녹슬지 않게 날마다 관리해야 한다. 운행하지 않고 세워둔 자동차도 하루 한 차례씩은 엔진을 돌려주어야 한다고 들었다.

나의 머리와 내 사랑하는 컴퓨터는 자동차의 엔진보다 훨씬 더 빨리 녹이 슨다. 내가 살아 있는 한 내 머리와 컴퓨터는 녹슬지 않을 것이다.

두 해 전부터 나는 내 컴퓨터로 덩치 큰 것 하나를 사냥하고 있다. 사실은 그것을 사냥하면서 이 해의 여름을 덤으로 포획하고 있는 것이다.

악몽 같은 우리의 삶

지갑이 없어졌다. 그게 어디에서 빠진 것일까. 누가 훔쳐갔을까. 지갑 속에 들어 있는 현금카드와 신용카드가 떠올랐고 눈앞이 아찔했다. 내가 굴릴 수 있는 재산이 거기에 다 들어 있는데 내 카드를 손에 쥔 누구인가가 그것을 다 빼내간다면 나는 빈털터리가 될 것이다.

나는 카드회사와 은행으로 전화를 걸어 분실신고를 하기 위해 수첩을 꺼내 들었다. 때마침 휴대전화마저 어디론가 가고 없었다. 근처 어디에 공중전화가 있지 않을까 하고 두리번거렸다. 사람들에게 그게 어디에 있는지 물었다. 사람들이 손가락질해준 곳으로 달렸다. 마침내 공중전회 상지를 찾았다. 수화기를 들고 단추를 찍어 눌렀다. 한데 어찌된 일인가. 내 손가락은 자꾸 단추를 잘못 누르고 있었다. 한 번 잘못 누르고 나서는 곧 재발신이 울리게 한 다음 새로이 눌렀다. 그러나 또 잘못 눌렀고, 또다시 잘못 눌렀다. 그러기를 무려 열 번쯤이나 했다. 가슴이 바작바작 탔다. 지금 이 순간에 내 지갑을 손에 쥔 사람은 신용카드로 값비싼 물건을 사러 다닐 것이다. 비밀번호를 알아내가지고 현금을 인출하고 있을지도 모른다. 나는 옥죄어드는 가슴을 어찌하지 못한 채 다시 전화 걸기를 시도했다. 이번에도 마찬가지로 내 손가락은 실수를 하고 있었다. 나는 나 스스로를 한심스러워하고 절망에 절망을 거듭하며 전화번호를 계속 눌렀다. 그러느라고 안간힘을 썼다.

그때 누군가가 내 가슴을 흔들어댔고 "무슨 악몽을 그렇게 꾸셔요?" 하는 아내의 목소리가 들려왔다.

아, 꿈이었다. 그 꿈에서 깨어나게 한 아내는 구세주였다. 악몽 속에서는 대단히 불행했지만, 깨어나자 금방 행복해졌다. 행과 불행을 구획 짓는 것은 눈을 뜨는 것이다. 깨달음이다.

삶이 악몽처럼 뒤숭숭할 때가 있다. 그럴 때는 그 현실로부터 얼른 깨어나야 한다.

장자는 고통스러운 꿈을 많이 꾸며 살았던 모양이다. 그는 꿈이 삶인지 삶이 꿈인지 분별이 잘 가지 않는 현실을 살았었는지도 모른다. 때문에 초탈하는 지혜를 터득했을 터이다.

꿈에 즐겁게 술을 마신 사람은 다음날 아침에 울고
꿈에 슬피 운 사람은 날이 샌 다음에 사냥을 나가 즐긴다.
한창 꿈을 꾸고 있을 때는 그것이 꿈인 줄 모르고
꿈속에서 또 그 꿈에 대한 점을 치다가 잠을 깬 뒤에야 비로소 그
것이 꿈이었음을 알게 된다.

　한 번 크게 깨달은 뒤에야 비로소 인생이 긴 꿈임을 알게 된다.
그런데 어리석은 사람들은 깨어 있지 않으면서도 스스로 확실하
게 깨어 있다고 생각하여 분명히 따지고 가리면서 임금이니 소
먹이는 종이니 하며 귀천을 가리려 든다. 공자나 그대나 다 같이
꿈을 꾸고 있다. 그대에게 꿈꾸고 있다고 말하는 나 또한 꿈을 꾸
고 있다.

행운과 불행 사이의 거리

➤ 차나무 모종을 700여 그루 심었는데 가을 가뭄이 시작되면서 50여 그루가 말라 죽었다. 우리 부부는 차나무 모종에 물을 주기로 했다. 밭 가장자리 석류나무 밑에 있는 지하수 꼭지에 호스를 연결하려는데, 석류나무 가지 끝이 목덜미를 스쳤다. 순간 오른쪽 목덜미 살갗이 바늘로 찌르는 듯 아팠다. 석류나무 가지에 가시가 달려 있을까. 살펴보니 가시는 없었다. 벌에 쏘인 듯싶었다. 쏘인 자리가 따끔거리고 그 아픔이 등줄기와 어깨와 가슴 쪽으로 번져갔다. 호스 연결을 마치고 나오면서 투덜거렸다.

"에잇 빌어먹을! 재수없게 벌에 쏘이다니!"

서재로 돌아가 벌 쏘인 자리에 스킨로션을 발랐다.

어느 놈한테 왜 쏘였는지도 모르게 쏘였을 뿐만 아니라, 나를 쏜 놈의 모습도 확인하지 못하고 그야말로 억울하게 당한 것이다. 그러므로 그놈한테 복수를 할 엄두도 내지를 못했다. 또한 어느 누구에게 그 억울함을 호소할 수마저 없었다. 이런 경우를 가리켜 재수없다고 말을 하는 것 아니겠는가.

저녁을 먹으러 갔을 때 쏘인 자리가 거북스럽게 부어오르면서 근질거렸다. 밥상머리에서 마주앉은 노모와 아내에게 벌 쏘인 사실을 말했다. 그러자 노모가 "아니 벌을 건드리지도 않았는데 쏘더냐?" 하고 물었다. "내가 뭐 하려고 벌을 건드렸겠어요?"

내 말에 노모가 아주 잘되었다는 듯이 말했다.

"건드리지도 않았는데 쏘았으면 재수 있겠다. 그놈이 괜히 쏜 것이 아니다. 너한테 좋은 일 있을 거라고 미리 알려준 것이다."

"그래요?"

내가 노모의 얼굴을 건너다보며 반문했다. 좋은 일 있을 거라는 것을 미리 알려주느라고 벌이 쏘았다는 말은 난생 처음 들었다. 물론 그 말을 듣고 나자 벌에 쏘인 억울함이 가셨다.

'아, 그럼 그 벌은 나에게 대관절 어떤 행운이 있을 거라는 것을 미리 일러주기 위해 나를 쏜 것일까.'

나는 문득 허공을 쳐다보면서 혼자서 소치럼 웃었다.

우리 삶에서 행운과 불행 사이의 거리는 얼마나 될까.

언젠가 토굴 방안과 거실에 불개미가 기어다녔다. 그놈들은 잠자리에까지 들어와서 살을 깨물곤 했다. 그 일을 말했더니 어머니가 말했다.

"집안에 개미가 끌면 부자 된단다."

"어째 그런대요?"

"예전부터 그런 말이 있다. 저것들이 영물이어서 망해가는 집에는 살지 않고 불같이 흥하는 집에서만 산단다."

어머니는 늘 어떤 일을 행운 쪽으로 생각하려고 들었다. 어머니의 생각이 미신일지라도 나는 내 집안에 불개미들이 서식했다는 사실이 기분 좋았다. 어머니의 말씀대로라면 우리 집은 흥해가는 집안일 터이므로.

차를 마시면서 생각했다. 어떤 알 수 없는 힘인가가 나로 하여금 식후에 이러한 향기로운 차를 마시며 여유롭게 살도록 행운을 주고 있다. 그렇다. 행운과 불행 사이의 거리는 없다.

겨울의 따사로운 햇살 아래 해바라기를 하는 사람이 있다. 그 햇살이 자기에게로만 쏟아지는 것은 아닐지라도, 모름지기 그것이 오직 자기에게로만 날아오고 있는 것으로 여기고 그것을 고마워할 줄 알아야 한다. 고마워할 줄 아는 사람에게 행운은 거듭 오는 법이다.

나의 유소년 시절의 책 읽기

나는 유소년 시절에 학교 교과서 이외의 책을 한 권도 읽지 않았다. 우리 집에는 그게 없었다. 아무도 나에게 그런 책을 읽으라고 권하지 않았다.

내게는 두 사람의 은인이 있었다. 한 사람은 내 할아버지이고 다른 한 사람은 먼 일가의 귀오 아저씨이다.

할아버지는 한학자이신데 어린 나에게 아주 많은 이야기를 해주셨다. 신화나 전설, 민담, 외국의 풍물, 기이한 짐승과 괴이한 사람, 도깨비나 귀신과 저승에 대한 이야기를 해주셨다.

할아버지는 150센티미터가 다 못 되는 자그마한 체구이셨고, 대처의 여기저기를 다녀보지 못한 어른이셨다. 그렇지만 할아버지는 금강산의 일만이천 봉의 기이한 봉우리들에 대한 이야기,

백두산 천지의 장관에 대한 이야기, 만주와 일본 도쿄, 미국의 워싱턴에 대한 이야기를 줄줄이 해주셨다.

할아버지는 나그네를 흔연스럽게 당신의 방에 재워주곤 했다. 나그네의 행색이 초라하든지 깨끗하든지 가리지 않았다. 무식하든지 유식하든지도 가리지 않았다. 어머니는 할아버지의 방에 든 손님들 밥상을 차리느라고 힘들었을 터이지만 불평을 하지 않으셨다.

할아버지는 밤이면 떠도는 나그네들에게 이야기를 시키고 그것을 귀담아 들으셨다. 나그네들은 대개 지필묵 장수이고 사주쟁이이고 행려장수이고 채장수이고 통매는 사람이고 갓과 탕건 고치는 사람이고 죽물장이이고 소목장이이곤 했다. 그들은 자기들이 보고 들은 이야기들을 밤새도록 늘어놓았고, 할아버지는 맞장구를 치며 즐겼다. 그렇게 들은 이야기들은 할아버지의 머리에 차곡차곡 쌓였다. 그리하여 그것은 우리에게 재생되었다. 우리 할아버지는 입담이 남달랐다. 같은 이야기라도 우리 할아버지가 하면 그 상황이 눈에 보이는 듯하고, 소름이 돋고 간담이 서늘해지고 조마조마해지고 웃음이 터져나왔다.

지금으로부터 백여 년 전의 일이다.

한 늙은 어부가 밤 낚시질을 갔다. 고기들이 워낙 흔하던 때였으므로 별로 멀지도 깊지도 않은 바다로 배를 타고 나갔다. 늙은 어부는 체구가 크고 담대하여 함께 낚시질하러 갈 동무를 구하지 않고 혼자서 갔다.

밤 밀물이 지기 시작할 무렵이었다. 이상스럽게 고기가 입질을 자주 할 뿐만 아니라, 입질을 한 고기들은 낚아채자마자 순하게 따라 올라왔다. 낚시질은 고기들이 한창 입질을 잘 해줄 때 기회를 놓치지 않고 부지런히 낚아채 끌어올리지 않으면 안 된다. 늙은 어부는 쉴 사이 없이 고기가 물리는 대로 끌어올리고 또 끌어올렸다. 그러면서 대강 수를 헤아렸다. 세 마리…열 마리…스무 마리…예순 마리…아흔아홉 마리.

여기까지 세고 나서 늙은 어부는 잠시 숨을 돌리려고 허리를 폈다. 이때껏 고기를 잡아넣은 구럭 안을 들여다보았다. 아흔아홉 마리를 잡아 담았으니 구럭 안은 거의 차올랐을 터였다.

구럭 안을 들여다보던 늙은 어부는 깜짝 놀랐다. 거기에는 고기가 오직 한 마리밖에 없었다. 이럴 수가 있을까. 늙은 어부는 몸을 벌떡 일으켰다. 고기들이 구럭 주위의 널빤지에 떨어지지 않았을까 하고 두리번두리번 살폈다. 배 안 어디에도 고기들은 없었다. 그렇다면 그 고기들이 다 어디로 갔단 말인가.

기가 막힌 늙은 어부는 자기가 고기를 낚아올린 뱃전 밑의 검은 바닷물을 들여다보았다.

그 순간 늙은 어부는 이번에야말로 넋이 흩어져버릴 만큼 소스라치게 놀랐다. 키가 장대처럼 크고 시꺼먼 도깨비가 뱃머리쪽 뱃전에 걸터앉아 있는 게 아닌가. 그 도깨비가 히히히 웃으면서 늙은 어부를 향해 말했다.

"너 한창 재미있게 낚아올렸지? 네가 처음에 잡아 구럭에 담은 고기 한 마리를 내가 슬쩍 집어다가 네 낚시에 다시 꿰어주고 네가 구럭에 담으면 또 가져다가 꿰어주고 그랬더니라. 한창 신나게 정신없이 끌어올려 구럭에다 담은 재미가 어떠냐? 그 동안 내 내 행복하고 또 행복했겠지?"

늙은 어부는 한편으로는 화가 끓어오르고 다른 한편으로는 어이가 없고 또 다른 한편으로는 두려웠다. 순간 도깨비를 만나면 힘으로 제압하지 않으면 안 된다던 어른들의 말을 떠올렸다. 힘이 센 늙은 어부는 주먹을 그러쥐면서 도깨비를 향해 "너 이 자식 나한테 한번 혼나봐라" 하고 소리치며 뱃머리로 달려갔다. 도깨비는 물로 내려서자마자 파도 머리를 디디고 성큼성큼 달아나며 말했다.

"히히히, 세상살이라는 것도 네가 조금 전에 한 낚시질하고 조금도 다르지 않은 법이다. 한 마리나 아흔아홉 마리나 결국은 그것이 그것이니라."

위의 이야기는 할아버지가 해주신 것인데 내 삶의 길라잡이가
되었다.

우리 집에 와서 일을 거들곤 하던 귀오 아저씨 역시 나에게 수
수께끼를 걸기도 하고 이야기를 해주기도 했다.

가령 "산과 들에 있는 나뭇잎과 풀잎들의 수하고 바닷물 속에
있는 고기들의 수 가운데 어느 쪽이 많으냐?" 하는 물음, "바다에
있는 고기들의 수하고 밤하늘의 별들의 수 중에 어느 쪽이 많으
냐?" 하는 물음은 나로 하여금 많은 생각을 하게 했다.

아저씨는 바다에 살면서 고기와 해초들을 관리하는 '물 아래
긴 서방(바다 도깨비)' 이야기를 해주었다. 그것들은 나를 두렵게
하기도 했지만 나의 상상력을 한없이 뻗어가게 해주었고, 나중에
내 소설의 중요한 동기가 되곤 했다.

5장_ 인연은 화분 속의 꽃나무처럼 가꾸는 것

인연이란 영원하지 않고 덧없는 것이라서 가만 놔두면 소멸된다.
화분 속의 꽃나무처럼 열심히 가꾸어야 한다.
사랑하고 또 사랑해야 시들어지지 않는다.

나와 향나무와의 인연

감나무 그늘에 앉는다. 유리가루처럼 찬란한 햇살이 신록 위로 쏟아진다. 햇살과 신록과의 찬란한 인연, 스쳐 지나간 수많은 사람들과 나와의 인연들도 저들의 만남처럼 화사하고 찬연했다. 산모퉁이에서 아카시아 향기가 날아온다.

인연이란 없는 것이라고 석가모니는 말했다. 있는 것처럼 보일 뿐 사실은 없다는 것이다.

세상의 모든 인연이 그러하듯이, 방치하면 소멸된다. 인연이란 영원하지 않은 것, 덧없는 것이라서 가만 놔두면 원래 없던 상태로 돌아가게 마련인 것이다. 따라서 열심히 가꾸어야 자란다. 그 인연은 관계로서 작용한다. 그 관계는 화분에 심은 꽃나무 한 그루와 같다. 심어 가꾸는 사람이 하루도 빠짐없이 물을 주고 벌레도 잡아주고 잡초도 뽑아주어야 한다. 그것을 깜박 잊고 딴전을 피우고 있으면 꽃나무는 시들어 죽는다. 뿌리까지도 썩어 흙이 된다. 인연을 계속 유지하려면, 내가 살아 있는 한 상대방을 사랑해야 한다.

한데 인연은 죽어 없어졌다가 다시 살아나서 그것을 생각하는 사람의 가슴을 아리고 쓰라리게 한다. 그것은 마법 같고 도깨비 같은 구석이 있다.

전정가위로 연못가에 서 있는 향나무의 머리털을 이발한다. 내가 늘 마주 바라보며 사유하고 명상하는 향나무와 나의 인연을 돈독하게 하기 위하여 내가 그의 머리털을 다듬고 가꾼다.

거대한 빵을 포개 올려놓은 것처럼 가꾸어놓은 이놈들의 잎사귀 하나하나는 두껍게 포개진 채 길어져 있다.

한 해만 깎지 않고 그대로 두면 거친 잎사귀들이 남자의 쑥대머리처럼 너풀너풀해진다. 쓸데없이 많이 자라게 되면 제 잎사귀들의 무게를 견디지 못하고 가지가 처진다. 처진 가지는 뻐드러지고 늘어진다. 뻐드러져 늘어진 가지는, 나중에 잎사귀를 가볍게 깎아줄지라도 원래대로 되돌아가지 않고 그대로 굳어지게 된다. 인위적으로 가꾸지 않으면 나무 전체가 모로 휘어지고 외틀어지고 기우뚱해진다.

인위적인 가공이 싫지만 이놈의 경우에는 어찌할 수 없다. 이놈 손질을 위하여 알루미늄 사다리를 마련했다. 사다리를 변두리에 대고 올라가서 이발을 한다. 사다리에 올라선 다리통이 떨린다. 안간힘을 쓰면서 가위질을 한다. 이놈과의 친교를 위해서는 이런 고통쯤 감수해야 한다.

깎인 향나무 잎사귀는 향을 토하면서 땅에 떨어진다. 그 향기에 취한 채 가위질을 한다. 잎사귀들은 아플 터이지만 이발해놓은 가지들은 산뜻하다.

나도 몸을 볼품 있게 가꾸기 위해서는 육체적인 운동을 해야 한다. 쓰지 않은 근육을 써주어야 하고, 관절을 늘 움직여야 한다. 부지런히 걸어서 에너지를 소비해야 한다. 심장과 허파와 내장의 기능이 활성화되도록 힘든 운동도 해주어야 한다. 그것이 당뇨나 심장병이나 혈압을 조절해준다. 소화기능을 원활하게 해준다.

영혼을 볼품 있게 가꾸지 않으면 허욕과 교만이 자라게 된다. 그것을 막기 위해서는 이런저런 책을 읽어야 한다. 책 속에 선인들이 걸어간 참한 길이 있다.

잠이 온다고 자버리고, 술 마시고 싶다고 한없이 마시고, 달콤한 사랑이라고 한없이 즐기고, 도박을 일삼고, 달콤한 책만 읽고, 사고력을 증진시켜주는 철학적인 책은 골치 아프다고 읽지 않고, 게임이나 경기 관람만 즐기면 정신은 황폐해지고, 교활해지고, 포악해지고, 야만스러워지고, 의지력이 박약해져, 어떠한 일도 성취하지 못하게 된다.

다닥다닥 붙어 있는 덩이진 향나무의 잎사귀들과 잎사귀들 사이를 깎아주면 바람이 통하게 된다.

다리가 부들부들 떨린다. 사다리에서 내려와 평상에 앉아 쉬면서 향나무의 단아해진 모습을 살핀다. 나무는 전체적으로 균형이 잡혀야 한다. 옆의 살구나무와 감나무와 연못의 수면과 거기에 뜬 수련꽃과 우뚝 서 있는 탑과 철쭉나무와 조화를 이루어야 한다.

탑 쪽의 우듬지에 아직 덜 깎인 여남은 개의 이파리가 있다. 눈에 걸린다. 그렇지만 나는 이때껏 사다리 위에서 가위질하며 부대낀 나의 다리와 팔을 쉬게 하기 위하여 마무리할 일을 남겨둔 채 점심을 먹으러 간다. 풋늙은이에게 다시 더 사랑할 기회를 남겨놓는다는 것은 삶의 여유이자 팽팽한 긴장이다.

잠자고 꿈꾸는 꽃

한 평론가가 어느 잡지에 짤막한 글을 썼다. 그 글 속에 모네의 수련에 대한 이야기가 들어 있었다. 수련이란 낱말 옆에 '水蓮'이라는 한문을 괄호 속에 병기했다. 연못의 수면 위에 떠서 피는 꽃이므로 당연히 물 수(水)자를 쓸 것이라 생각하고.

그 달의 잡지가 나왔을 때 그는 주간과 의논할 일이 있어서 잡지사에 들렀다. 편집기자가 원고료와 함께 그 달의 잡지를 가져다주었다. 그는 잡지를 열어보자마자 울화가 치밀었다. 자기가 쓴 것과 다르게 '수련(睡蓮)'이라 교정되어 있었던 것이다.

그는 편집기자에게 호통을 치고 그 기자의 무식힘을 빈정거렸다.

"아니, 물에 떠 있는 수련인데 물 수자를 써야지 왜 잠잘 수(睡)자로 바꾸어버렸어?"

편집기자는 잠시 그의 얼굴을 멀뚱하게 건너다보고 있더니 사과 한 마디 하려 하지 않고 몸을 돌렸다. 말없이 사전을 가지고 와서 그의 앞에 펼치고 한 곳을 손끝으로 짚어주었다.

그는 소스라치게 놀랐다. 사전에 '수련(睡蓮)' 이라고 씌어 있었다. 무식한 것은 편집기자가 아니고 그였다. 그는 편집기자에게 사과부터 했다.

"아하, 미안하게 됐네요. 그런데 왜 잠잘 수자 수련이야!?"

수련은 연못 밑바닥에 뿌리를 내리고 지름이 10센티미터쯤 되는 동그란 잎사귀들을 수면 위로 내놓는다. 줄기가 따로 없고 잎사귀의 끈이 줄기같이 길게 뻗어나온다. 잎사귀는 처음 나올 때 자주색을 띠는데 대롱처럼 돌돌 말려 있다. 성숙한 잎사귀는 빈대떡처럼 동그란데 한쪽이 찢어져 있다. 여성들이 꼭 맞는 기다란 치마 한 쪽을 찢어 다리를 드러나게 하는 것처럼.

백수련의 잎사귀는 터진 각이 5도쯤이고 홍수련의 잎사귀는 찢어진 흔적만 있을 뿐 거의 사각이다.

아침 7시쯤 피기 시작하여 12시 전후하여 만개했다가 오후 2시가 지나면 점차 오므라지기 시작한다. 그리고 4시쯤이면 피기 직전의 망울처럼 되어 물 속으로 반쯤 몸을 숨긴다. 그러니까 오후

2시부터 졸기 시작하여 4시 이후부터 이튿날 아침 7시 무렵까지 깊은 잠을 자는 것이다.

수련은 자존심이 강한 꽃이다. 시들어가는 추한 모습을 절대로 내보이지 않는다. 수련은 자기의 시들어진 꽃잎이 하나씩 떨어져서 물 위로 흘러 떠다니지 않게 한다. 꽃은 나흘 동안 화려하게 피어 있는데, 마지막 날은 약간 오종종해져 있다가 오후 4시쯤에 피기 직전처럼 단단한 망울이 된 다음 물 속으로 깊이 들어가서는 이후 나오지 않는다. 물 속에서 썩어 녹아버리는 것이다.

그들은 아름다운 자태를 하늘과 구름과 새와 사람들을 향해 드러내 보이고 물 속에 투영된 자기 모습에 취한 채 꿈꾸는 것이다.

수련이야말로 행복한 꽃이다. 다른 꽃들은 그것을 보는 사람들의 눈동자에 어려 있는 자기 모습을 바라보는 것으로 만족해야 한다. 그렇지만 수련은 자기 떠 있는 자리에서 물에 투영된 자기 모습을 사라지는 마지막 순간까지 내내 보면서 취해 있고 그리고 꿈꾼다.

연못 속에 고여 맴도는 물의 시간과 그 물 속에 뿌리를 묻은 채 떠 있는 수련의 시간은 미묘한 결과 무늬를 직조하고 있다. 물과 수련의 알몸 섞기, 매순간 맛보고 환호하는 영혼의 오르가슴의 무늬와 결이 꽃으로, 진한 향기로 피어나고 있는 것이다. 사실은 이 글을 읽고 있는 당신도 수련처럼 꿈꾸며 살고 있다.

꽃샘바람이 춘설을 데리고

머칠 전, 순천의 한 지인이 고로쇠 물 두 통을 보내와서 아내와 마침 근친온 서울 딸과 더불어 마셨다. 나는 그 달콤한 물에 양주를 타서 마시고 얼근해졌다. 고로쇠나무의 잔뿌리가 지맥 속에서 삼투압 작용으로 뽑아올리고 팽압 작용으로 가지 쪽으로 밀어올린 것을 훔쳐낸 그 물.

내 몸에도 봄의 물이 오르고 있을까.

며칠 전부터 정원석 사이에서 연분홍색 잠자리 날개 같은 잠옷 차림의 춘란 꽃대들이 모습을 드러내더니, 바야흐로 색정적인 향기와 함께 망울을 터뜨리기 시작했다.

춘란꽃 피면 반가운 손님이나 편지가 오든지 찬란한 햇살 같은 좋은 일이 일어나든지 한다고 했는데 꽃샘바람이 춘설을 몰고 찾

아왔다. 어지럽게 춤추는 벚꽃잎 같은 춘설 데리고 온 꽃샘바람
도 귀한 손님이다. 춘설 몰고 온 바람은 짓궂게 내 토굴 추녀 끝에
매달린 풍경들을 희롱하고 있다. 풍경은 간지럼 잘 타는 소녀처
럼 몸부림치며 자지러지는 소리를 낸다. 풍경의 호들갑과 수다는
언제 들어도 그 무늬와 결이 향 맑다. 그 향 맑음이 가슴을 저리게
한다.

검은 구름이 지붕까지 내려온 까닭일까. 나는 우울을 감당하지
못하고 정원으로 나가 꽃샘 눈송이들을 맞으며 춘란꽃 앞에 윗몸
을 낮추고 코를 가져다대며 킁킁 향기를 맡았다. 그 향기가 가슴
을 우둔거리게 한다.

춘란의 향기는 여성의 몸 깊은 곳의 향기라고 한 말이 생각나서
얼굴이 붉어졌다. 아하, 이제 이 나이에는 향기를 가슴으로 맡지
않고, 귀로 들어야 한다는 한 스님의 말을 깜박 잊었다.

연못 가장자리를 맴돌면서 울긋불긋한 금붕어, 비단잉어들과
눈을 맞추었다. 추위로 말미암아 굼뜨던 그들의 행동이 민첩해
졌다.

이놈들은 움직이는 꽃이다. 이름을 '향초' 라고 지어 부르는데,
향기로운 풀이라는 뜻은 아니다. '고요히 앉으니 차가 반쯤 우러
났을 때의 첫 향기 그것[靜坐處茶半香初] 움식이니 불 흐르듯이 꽃
피듯이[妙用時水流花開]' 라는 시에서 가져온 것이다. 그놈들은 연

못의 고요 속에 들어 있는 나를 늘 시끄럽게 움직이게 하는 존재들이다.

청매화가 분분한 눈송이들을 맞으며 떨고 있다. 나도 사실은 매화꽃잎처럼 떨고 있지 않을까. 그 떨림은 대칭이 아니고 비대칭이다. 아, 나는 봄을 타고 있다.

점심을 먹고 오면서 매화 한 송이를 따가지고 들어와 찻잔에 넣고 차를 우려 마셨는데, 그놈의 향기가 어찌나 진한지 차의 향기를 모두 죽여버렸다.

코와 가슴으로 슴배이는 향기를 두려워하며 하늘과 바다와 산과 들을 바라본다. 백년쯤 된 늙은 감나무의 잔가지들이 하늘을 수놓고 있다. 한쪽 가지가 썩어 꺾어진 그 늙은 나무에도 바야흐로 물이 오르기 시작할 터이다.

낡아가는 그 감나무의 삶이 불만스럽다. 나는 그놈처럼 낡아가지 않고 늙어갈 생각이다. 낡아가는 것은 소멸을 향해 썩어가는 것이지만, 늙어가는 것은 보석보다 값진 지혜의 사리를 몸 속에 차곡차곡 쌓아가는 것이다. 황갈색 잔디밭에 서식하는 나발나물들이 진한 보라색의 꽃송이들을 달고 있다. 그렇다. 이 봄을 저 꽃들처럼 살아야 한다.

신록 속에서 사랑하기

✈ 모든 화려한 꽃들은 자기가 떨어질 때가 언제인가를 알고 떨어지지 않으면 안 된다. 성숙을 향해 나아가지 않으면 열매를 맺을 수 없는 까닭이다.

바야흐로 꽃들이 지고 산과 들이 연두색으로 물들고 있다. 신록은 꽃 못지않게 아름답고 예쁘고 가슴 두근거리게 한다. 사랑받고 싶고 사랑하고 싶어지는 계절이다.

연두색은 어디에서 왔을까. 줄기와 땅 속에 박혀 있는 뿌리에서 왔다. 나무는 저 연두색을 뿜어내기 위해 지난 겨울 동안 침잠하면서 끊임없이 준비를 했다. 만일 나무가 겨울 한철 내내 잠만 잤다면 이런 연두색 잎을 뿜어올릴 수 없었을 것이다.

프로야구와 프로축구 선수들의 신기에 가까운 기량들을 보면서 나는 그들이 지난 겨울 내내 흘린 땀을 생각한다. 지금 저 연두색은 한여름의 성숙을 향해 달려가고 있다. 그 종착점은 가을의 꽃과 열매이다. 나무와 풀들은 마라톤 선수가 끊임없이 줄기차게 종착점을 향해 절망하면서 달려가듯이 분투한다.

사람들에게는 누구에게나 똑같이 세 번씩의 아주 좋은 기회가 주어진다고 한다. 그 기회를 잡는 행운을 누리느냐 못 누리느냐 하는 것은 그것을 잡아 자기의 것으로 만들 수 있는 역량이 있느냐 없느냐에 달려 있다. 어떤 사람은 기회를 잡고 영광을 누리지만 어떤 사람은 그것을 놓치고 슬퍼한다. 꾸준히 준비한 사람은 그 기회를 잡고 준비하지 않은 사람은 그것을 놓친다.

세상 사람들은 어떤 의미에서 모두가 후보 선수이다. 벤치에 앉은 채 감독이 운동장에 나가 누구 대신 뛰어보라고 명령하기를 기다린다. 대개의 경우 기회를 제공하는 감독의 명령은 가장 상황이 좋지 않을 때 떨어지게 마련이다. 이때 우리는 운동장에 나가서 최선을 다해서 성공을 거두어 감독을 즐겁게 해주고 나의 실력을 인정받아야 한다. 그랬을 때 기회는 내 것이 된다. 기회는 행운의 실마리이다.

한데 기회가 오지 않는다고 불평하고 불만을 늘어놓으며 준비를 게을리 한 사람은 설사 감독의 명령이 떨어져서 운동장에 투입된다 할지라도 제대로 그 몫을 다하지 못하고 감독을 실망시켜 다음 기회를 스스로 놓치는 결과를 불러들인다.

연두색의 풀과 나무들은 한순간도 게으름을 피우지 않는다. 자기의 수분과 무기물 빨아들이기와 광합성하기를 꾸준히 하면서 그 일을 즐긴다. 나도 나에게 주어진 일을 성실하고 꾸준하게 하면서 그 일을 즐겨야 한다.

캐나다로 이민 간 벗에게 이런 편지를 썼다.

"……세상과 자기의 일로부터 사랑을 느낀 사람은 삶을 향기로워하고 그것을 느끼지 못한 사람은 절망하고 원망하고 주위의 사람들을 증오하면서 숨어서 비관하고 우울해 한다."

오늘 친구의 집 뒤란 대밭에 있는 차나무의 잎을 따가지고 와서 아내와 함께 덖었고, 그것을 우려 마셨다. 애벌 차의 향기와 맛. 나는 아, 아하, 하고 찬탄을 거듭했다. 배냇향 같은 배릿한 향과, 고소하고 단 맛 저쪽의 그윽함과, 깊은 유혹처럼 달콤하고 슬픈 정감을 온몸으로 느낀다. 진저리친다. 그 좋은 맛과 향기와 그 깊은 유혹을 감당할 수 없어 나는 속으로 안타까워하며 운다. 울면서 그리운 사람들을 향해 이 향기와 맛을 품은 채 날아간다.

친구여, 세상과 자기의 일로부터 사랑을 느낀 사람은 삶을 향기로워하고 그것을 느끼지 못한 사람은 절망하고 원망하고 주위의 사람들을 증오하고 숨어서 비관하고 우울해 한다.

친구여, 우리의 일을 위해 분투하면서 삶을 즐기자.

대나무숲과 더불어 살기

➤ 뒷산 중턱에서 토굴 뒤란까지 줄기차게 뻗어온 등성이에 대밭이 조성되어 있다. 거대한 남자나 여자가 드러누워 있는 듯싶은 뒷산의 기운이 대밭을 따라 토굴로 뻗어나올 터이다. 음기여도 좋고 양기여도 좋다. 이놈들은 나를 위해 열심히 산소를 뿜어댄다.

내 토굴의 대나무는 기껏해야 지름 3센티미터쯤 되는 가느다란 솜대이다. 예전에는 바다의 김발을 물 위로 떠오르게 하기 위한 띠로 쓰거나 지붕의 처마 가장자리에 두르는 테로 쓰곤 했던 솜대. 나일론 김발이 유행하자 이제는 잘라다가 고추나무의 지주로나 쓰이는 것이 고작이다.

마을에 초상이 나면 명정과 만장을 달고 상여의 운아삽선(雲亞

揷扇) 꽃을 대를 얻으러 온다.

'삶이란 한 조각의 구름이 일어나는 것이요, 죽음이란 그 한 조각의 구름이 사라지는 것이다.'

이러한 만장을 달고 가는 우리 집 대나무는 얼마나 좋은 일을 하는 것인가. 한때는 피리가 되어 처량하고 절절한 율려의 세계를 세상에 퍼뜨렸고, '농자 천하지대본' 이라는 기를 달았고, 국기를 달았고 그리고 무당의 신을 내리게 하여 한 서린 사람들의 가슴을 달래주었을 솜대.

대나무들은 마당 양옆의 가장자리로 뿌리를 뻗어서 울타리처럼 좁다란 밭을 만들고 있다. 얼핏 남자 얼굴의 구레나룻을 연상하게 한다. 때문에 집과 마당 안이 아늑해진다.

대나무들의 가지에는 비둘기나 산까치나 박새나 동박새나 참새들이 와서 머물며 지저귄다. 장끼가 까투리들을 데리고 온다.

이놈들은 가지와 잎사귀들이 많은 만큼 바람에 민감하다. 바람이 불면 토굴 모퉁이의 대나무들이 춤을 추듯이 몸을 우쭐거리고 이쪽 저쪽으로 저어댄다. 그때 그들의 그림자는 마당을 쓴다. 쓸되 자국을 남기지 않는다. 대들은 서로 몸을 비벼서 소리를 내고 잎사귀를 떨어서 소리를 낸다.

이놈들은 속이 텅 비어 있다. 그놈들 따라서 마음 비우기 연습을 한다. 속에 와서 담기려고 하는 하늘과 땅과 해와 달과 별들을 퍼내고 비운다. 담기려 하는 그리움을 퍼내고, 담기려 하는 돈 욕심을 퍼내고, 담기려 하는 좋은 소설 쓰고 싶은 욕심을 퍼낸다. 순리의 향기만 담으려고 애쓴다. 아니다. 그것마저도 비우려고 애쓴다. 그러나 뜻한 대로 텅 비어지는 것이 아니다. 그것은 허허로움과 고요함[虛寂]일 터인데 나는 번번이 거기에 이르지 못하곤 한다.

대의 주체성은 절대로 흔들리지 않는다. 바람이 달려오면 그 바람이 자기로 말미암아 상처입지 않고 지나가도록 몸을 젖혀 비켜주고 그것이 지나간 다음에는 제 자리로 돌아와 우뚝 선다. 세상으로 나가서 돌아다니되 반드시 제 자리로 돌아와 선다.

밤이면 조용히 묵상한다. 별들이 내려와 잎사귀에서 놀며 묵상을 배운다. 달빛 은은하게 비치면 서리 빛으로 칼날 모양의 잎사귀들을 빛나게 한다. 더러움과 게으름을 자르는 칼.

초여름이면 죽순을 꺾어다가 나물을 무쳐먹는다. 내 속에 죽순의 넋이 자라고 있다.

아침 해 가슴으로 들이켜기

아침, 잠에서 깨어나면 바야흐로 떠오르는 해를 본다. 해는 동편 바다 저 건너의 섬 기슭에서 떠오른다. 계절에 따라 해 뜨는 자리는 조금씩 이동한다. 겨울에는 남쪽으로 이동하고 여름에는 동쪽으로 이동한다. 바다에서 떠오르는 해는 잘 익은 홍시처럼 붉기 마련이다.

해 떠오르기 이전의 바다와 섬과 하늘의 조화로운 변화는 신비스럽고 성스럽다. 순간적으로 색깔과 분위기가 달라진다. 잿빛이던 바다는 은색의 공단 빛으로 변하고 점차 금색으로 변했다가 어느 한순간에 주황색으로 변해간다. 하늘도 그와 같이 변한다. 만일 비늘구름이나 상어구름이 넓여 있을 때 그것들은 꽃 수놓인 주단처럼 찬란해진다. 나는 마치 영화에서, 카메라가 한 공간을 잡은 채 시간을 디졸브 수법으로 흘려보내는 것을 완상하고 있는 듯한 착각에 빠지곤 한다.

하늘빛을 그렇게 아름답게 만드는 것은 미세한 물방울들이다. 허공 중의 수분은 먼지 알맹이들을 중심으로 결집되는 것이고, 그 결집으로 인해 작은 물방울들이 되는데, 새로 솟아오르는 해의 빛이 그것들을 관통하면서 스펙트럼 현상이 일어나기 때문에 그와 같이 신비한 색상들이 나타난다. 어찌되었든 그것은 신의 작품이다. 나는 매일 아침 그와 같은 신의 작품을 설레는 가슴으로 완상한다.

이때 바닷가의 마을과 나무들과 모래 등은 수묵화로 그려놓은 듯싶다. 그 작품의 아름다움이 극에 달했을 때 나는 그것들을 나 혼자서 보기 아까워 아내에게 소리쳐 말한다.

"여보, 저 바다 좀 봐."

바야흐로 해가 떠오를 때 나는 운동복으로 갈아입고 바다 쪽으로 난 농로를 따라가면서 그 해를 본다. 해는 우주의 모든 것들에게 에너지를 공급한다. 나는 해를 가슴으로 받으면서 속보로 걷는다. 해를 심호흡한다. 해는 나지막한 앞산마루에 걸려 있다. 수증기가 많을 때는 면사포로 가려놓은 듯싶지만, 맑을 때는 해의 내부가 심상치 않다. 해의 내부는 수런거린다. 꿈틀거린다. 어떤 화가가 그렇게 열정적인 해를 그려놓을 수 있을까.

해에 비친 바다 물너울은 춤을 춘다. 그 빨간 물너울 속에 고기들이 몰려들고 갈매기들은 그것들을 사냥하느라고 낙하비행을 한다. 어부들은 이미 새벽에 배를 타고 바다로 나갔다. 먼 바다에 배들이 떠 있다. 요즘은 낙지와 주꾸미와 게를 잡는다. 이웃의 장재도 선창에는 숭어, 농어, 도미, 장어잡이 배들이 들어온다. 반농반어의 바닷가에서 사는 재미는 언제든지 생선회, 석화무침, 어린 낙지회를 먹을 수 있는 데에 있다.

지도에서 보면 내 고향바다는 자궁처럼 생겼다. 이 바다는 풍성한 어족들을 품고 있다. 바지락이 있고 키조개가 있고 낙지와 숭어와 농어와 게와 낙지들이 있다. 젊은이들에게 이 반농반어의 땅은 새로운 희망의 터전이다.

바다 산책을 마치고 집으로 돌아가는 길에 초등학교와 중학교, 고등학교에 가는 싱싱한 학생들을 만난다. 농로를 따라 자전거를 타고 가기도 하고 걸어가기도 하면서 그들은 웃고 떠들어댄다. 나는 그들과 인사를 나누면서 유쾌해진다. 그들의 건강한 웃음소리로 인해 나의 삶은 무지개 색을 띤다. 바람소리를 내며 페달을 저어가는 아이들을 향해 나는 소리쳐 말한다.

"자전거 조심해라!"

이런 날 아침 나는 밥맛이 아주 좋다.

꽃 부자된 이야기

한 모종 중개상의 권유에 따라 두 해 전에 토굴 앞의 밭 500평에다 볼펜 한 개 길이의 철쭉나무 모종 2만 4천 그루를 심었다. 한 그루에 백 원씩 주고 사다가 심은 것이 두 해 뒤에 천 원쯤으로 변한다면 얼마나 큰 벌이인가.

인부 사서 심은 다음, 나는 땡볕 아래서 전기모터와 호스와 스프링클러를 설치하여 수시로 물을 주었다. 가뭄이 닥치자, 물을 뿌려대는데도 불구하고 모종은 하나씩 둘씩 말라 죽었다. 무릎 관절이 성치 않은 아내는 쪼그려 앉아 김을 맸다. 만일 어린 모종들을 잡초들이 감싸면서 얽히어지면 어떻게 구제할 방책이 없다고 하므로.

놉을 사서 풀을 제거하자고 해도 아내는 손수 그것을 해냈다.

한 해 동안에 세 차례나. 꽃은 꽃대로 보고 돈은 돈대로 벌 수 있다는 희망으로 시작한 것인데, 아내는 김을 매다가 짜증을 냈다. 괜한 것을 심어가지고 자기를 고달프게 한다고. 그때마다 나는 놉을 사서 하자고 달랬지만, 아내는 마냥 도리질을 했다. 아내 혼자서 김매는 것을 보면서 나는 후회했다. 헛된 탐욕이 늙어가는 우리의 삶을 힘들게 한다고.

모종은 또 병으로 죽고 싸움질하는 고양이들의 발에 밟혀 죽고 김을 매다가 뿌리 흔들려 죽었다. 겨우 반쯤이나 살아남았다. 아내는 꾸준히 사랑으로 인고하면서 그것들을 길러냈다.

두 해가 지난 금년 봄, 그것들은 사방 30센티미터의 건강한 상품으로 변했다. 그런데 철쭉 시세가 바닥이었다. 우리는 애물단지인 철쭉나무들을 모두 출하해버리고 마을의 누군가에게 밭을 세로 내주기로 결정했다.

어느 날 한 조경업자가 그것들을 한 그루당 300원씩에 사가겠다고 나섰다. 보통 억울하고 슬픈 일이 아니었다. 내가 좋은 수 하나를 아내에게 제안했다.

"당신의 피땀으로 키워낸 것인데 600만 원에는 너무 아깝지 않소? 팔지 말고, 우리 좀 아껴 쓰면서, 죽을 때까지 해마다 봄철이면 꽃이나 실컷 보면서 삽시다."

아내가 고개를 끄덕거렸다.

2만 그루의 철쭉나무들이 일제히 꽃을 피우자 토굴 주변 세상
이 훤해졌다. 주황빛 나는 영산홍, 진달래 색의 철쭉꽃들이 가득
찼다. 우리는 세상에서 제일 큰 부자가 되어버린 듯싶었다. 강진에
사는 제자가 차를 몰고 왔기에, 살림집에 계시는 거동 불편한 어머
니를 그 차로 모시고 토굴 마당으로 와서 꽃구경을 시켜드렸다.

"극락이 어딘가 했더니 여기가 극락이다. 너희 증조할머니가
그렇게 지성스럽게 부처님을 모시더니 우리가 지금 극락에 살고
있구나."

아내와 가까이 지내는 마을 사람들이 음식 만들어가지고 꽃구
경을 왔다. 내가 술을 내놓은 다음 꽃과 술에 취해 있는 그들의 사
진을 찍어주었다.

나는 아침마다 등산을 가거나 바닷가 산책을 나가는 대신 꽃나
무들 사이사이에 자생한 풀들을 뽑았다. 모종 때에 죽어버린 까닭
으로 비어 있는 곳에는 촘촘한 곳에서 솎아다가 메우기로 했다.

꽃망울 머금기 시작할 때부터 만개한 꽃이 질 때까지 한 달쯤의
세월, 그 동안 나는 참으로 행복했다.

500평의 땅에서 농사를 짓거나 그것을 세로 내주지 않고 꽃만
보면서도 살 수 있을 만큼 배부른 삶을 살고 있다고 나를 흉허물
할 사람이 있을지 모른다. 그렇지만, 두 해 동안의 피땀의 대가로
얻어낸 이쯤의 호사는 죄될 것 없지 않느냐고 데면데면해지기로

작정했다.

한없이 오랫동안 피어 있는 꽃은 없다. 꽃은 아쉬움을 남기고 시들어 떨어진다. 그 떨어짐은 죽음을 의미하는 것이 아니고 열매와 성숙을 기약하는 거듭나기이다. 그럴지라도 한 무더기의 화려한 존재가 사라진다는 것은 아쉬운 슬픔이다.

아내는 무릎이 아프다면서 또 잡풀을 제거하려고 나선다. 나는 아내를 꽃밭 밖으로 밀어내고 놉을 사서 매자고 제안한다. 그래도 아내는 억지를 쓴다. 꽃을 공짜로 본 만큼의 대가를 지불해야 한다면서.

꽃은 그것을 심는 마을과 마음에서만 피어난다. 내가 날마다 쓰는 글도 이와 같이 화려하게 우주를 장식하는 꽃송이들이 되었으면 하고 희망한다.

철쭉꽃밭 어정거리는 장끼

　　　➤　아침 산을 오르며 찔레꽃, 아카시아꽃을 만난다. 산은 향기로 가득 차 있다. 향기의 분자는 에밀레종의 맥놀이 같은 비대칭 파장이다. 향기 앞에서 아득해진다. 천국에는 어떤 향기인가가 깔려 있어, 거기 처음 들어선 혼령은 어지럼증을 느끼지 않을까. 초봄의 이 산길에서는 산난초의 아릿한 향이 넘쳐난다. 냄새는 형이하학적이고 향기는 형이상학적이다.

　휘파람새와 비둘기가 운다. 간밤엔 소쩍새가 울었었다. 새들의 소리 풀벌레 소리는 푸른 색깔이고 가슴 뭉클하게 하는 향기가 묻어 있다. 향기와 푸른 소리는 우울증과 신경증을 치유한다.

　비 오거나 풀잎에 이슬이 맺혀 있으면 바닷가 모래밭으로 산책을 한다. 자연 바닷가 산책과 아침 산 오르기를 번갈아 하게 된다. 내 앞에 가로누워 있는 쪽빛 바다, 먼 데서 달려와 모래톱에서 재주를 넘으며 소리치는 파도는 그 특이한 율동을 이 풋늙은이의 몸 속에 밀어넣는다.

바닷가 산책이 침체한 몸과 마음을 활성화시키곤 한다면 산길 오르기는 마음을 가라앉게 한다. 바야흐로 쓰고 있는 소설의 주인공하고 함께 다닌다.

산책을 다녀오자마자 따스한 물을 뒤집어쓰고 나서 아침밥 먹고 차를 마신다. 나의 사는 재미는, 매끼에 포도주 한 잔씩 하고, 차 마시고, 소설 쓰고, 연못에 투영된 또 하나의 우주 들여다보고, 거기에 피어난 자주색의 수련꽃과 비단잉어하고 노는 것이 고작이다.

컴퓨터 앞에 앉아 소설 쓰다가 가슴 답답해지면 연못 주위를 바자닌다. 수련꽃에는 황금색 술 60여 개가 있다. 꿀벌이 그 속에 들어가 꿀을 빤다. 그 깊은 은밀한 속을 무람없이 드나드는 그놈에게 질투를 느낀다.

응접실로 들어와 비발디의 〈사계〉를 틀어놓고 창밖을 내다보는데, 붉은 털 황갈색 털과 청동색 깃으로 성장한 장끼가 철쭉나무들 사이를 어정거린다. 자기를 주시하고 있는 한 풋늙은이가 있음을 눈치 채지 못하고 텅 빈 마당으로 올라온다. 마당을 건너 이웃 깨밭을 지나 대밭 쪽으로 간다. 까투리 하나도 거느리지 않고 혼자 어정거리는 그놈을 살피기 위해 현관문을 열고 나간다. 그놈도 나처럼 풋늙은이가 되어 있는 것 아닐까. 현관문 여는 소리에 그놈은 뒷산 아카시아나무 숲속으로 숨어버린다.

이웃 폐가 사립으로 간다. 밀원을 찾아서 꿀벌통 싣고 온 남자가 마루 위에 팔자 좋게 드러누워 자고 있다. 그의 벌통에는 벌들이 바쁘게 드나들기도 하고 주위를 휘돌면서 경계를 한다. 찬란한 햇살을 머리에 인 채 벌 주인에게 실없는 농담을 하고 싶어진다. 다혈질인 그 남자는 찔레꽃과 아카시아꽃이 벌어지기 시작하던 날 아침, 트럭에 벌통을 싣고 와서 폐가 마당에다 늘어놓고 인사를 왔었다.

나는 벌통 주위를 어지럽게 비상하는 벌들에게 지은 죄 없지만 쏘일까 봐 무섭고 괜히 심술이 난다.

"우리 연못에 수련꽃이 한 70여 송이나 피어 있는디, 가끔 당신네 벌이 와서 꿀을 빨아가고 화분을 묻혀가곤 하구만이라우. 갈 때 우리 수련꽃에서 빨아간 꿀 값하고 뒷다리에 묻혀간 꽃가루 값하고 주고 가시오."

그 농담을 그냥 입속에 담고 자궁 같은 연못으로 간다. 연못에 들어와 있는 하늘, 구름, 산, 감나무, 수련꽃의 그림자들을 완상한다.

연못은 나에게 무엇일까. 나는 전생의 복과 현생의 복과 내세의 복까지를 지금 다 누리고 있는 듯싶다. 내세에는 누릴 복이 바닥나서 심심할 것이다.

아침 산책길에서 눈부시게 희고 향기로운 꽃들을 보며 문득 알 수 없는 슬픔이 느껴졌었다. 영랑이 느낀 찬란한 슬픔은 사람을 진정성 속으로 몰아넣는 향 맑은 촉기이다. 그 촉기가 좋은 글을 쓰게 할 터이다. 글을 쓰기 위해 서재로 들어간다. 나의 글쓰기라는 것은, 전원에서의 자유자재를 글의 너울 속에 꽃 향기, 풀 향기하고 버무려 풀어놓는 일에 다름 아닐 터이다.

별밤의 개구리 소리를 들으며

잠들지 못하고 엎치락뒤치락하다가 얼핏 잠이 들었는가 싶은데, 아득한 곳에서 장엄한 합창소리의 여운이 들려와서 소스라쳐 깨어 일어났다. 응접실로 나가서 유리창문을 열고 내다보았다. 바깥세상은 수천 마리의 개구리 노랫소리로 가득 차 있었고 가지색 밤하늘에 푸른색, 누른색, 붉은색의 별들이 까물거렸다. 들판의 개구리 소리들이 별떨기들에게로 솟구쳐 올라가고 있었다. 개구리들의 합창 때문에 별들이 눈을 뒤룩거리고 있었다. 그 합창은 밤하늘에 부딪쳐 메아리가 되어 지상으로 되돌아오고 있었다.

현관문 밖으로 나갔다. 차가운 바람이 얼굴과 목과 손의 살갗을 스치고 지나갔다.

5월 한밤의 교향악. 들판을 에두르고 있는 옆산과 뒷산과 앞바다와 섬들은 그 교향악에 귀 기울인 채 명상에 잠겨 있었다. 나는 바야흐로 새 잎사귀들이 굴뚝새의 새끼만 해지고 있는 늙은 감나무 밑에 서서 별들을 쳐다보았다.

밤이 깊어가고 있기는 하지만 아주 많은 것들이 잠들지 못하고 있다. 전원의 밤은 고요하지 않다. 고요한 듯 수런거리고 수런거리는 듯 고요하다. 역사는 이러한 푸른 밤에 이루어진다. 수없이 많은 것들이 사랑을 하기 위해 짝을 구하러 다니고, 고혹스러운 소리로 짝을 유혹하고 있다. 이 밤 사랑으로 말미암아 환혹 속에 빠져 있는 사람이 있을 것이고, 사랑 때문에 안타까워하고 슬퍼하는 사람이 있을 터이다.

나는 개구리 소리, 별들의 소리, 휘파람새 소리, 소쩍새 소리에 취한 채 마당의 잔디밭에 우두커니 서 있다. 내 영혼은 바야흐로 그 소리에 감염되고 있고 동시에 더러움이 세척되고 있다.

소리에는 두 가지가 있다. 거무스레한 중금속 냄새 나는 녹슨 쇳소리가 있고 싱싱한 풀 향기 감도는 소리가 있다. 공장과 도회의 기계소리나 비행기나 자동차나 트랙터나 경운기들의 소리가 쇳소리라면 개구리나 새나 매미나 풀벌레들의 소리, 물 흐르는 소리, 솔바람소리는 푸른 소리이다.

쇳소리는 몸을 마르게 하고 신경쇠약을 일으키고 이명을 일어나게 하지만 푸른 소리는 녹즙이나 향기로운 차처럼 쉿소리로 말미암아 생긴 신경증들을 치유해준다. 더러워지고 곰팡이 슨 영혼을 세척해준다. 푸른 소리로 세척하고 나면 영혼이 싱싱해진다. 도시는 악마가 만들었고 전원은 천사가 만들었다.

뒷산 기슭의 소나무나 마당의 감나무나 뒤란의 대나무들은 밤에 명상한다. 바다에 뜬 섬들과 바닷가 도로의 가로등들은 꿈을 꾼다.

밤이면 모든 것들은 자기의 원초적인 자리로 돌아간다. 그 자리로 돌아가기는 마치 도회생활에서 지친 사람이 고향이나 어머니를 찾아 돌아와 위안을 얻듯이 고달픈 삶으로 말미암아 소진된 힘을 회복한다.

서울에서 살 때 위장병에 시달린 적이 있었는데, 고향집 뒤란의 옹달샘 물을 벌컥벌컥 들이켜면 그 병이 싹 치유되어버릴 듯싶은 착각에 빠지곤 했었다. 그 옹달샘 물은 선조 대대로 마셔온 것이다. 우리 어머니가 그 물을 마시고 나를 잉태했고, 나는 그 물을 마시고 성장한 것이다. 생명의 물이고 뿌리의 물이다.

5월 한밤에 자기 영혼 속에서 침잠하고 꿈꾸는 모든 것들은 다 자기 근원의 자리로 돌아가 원초적인 힘을 회복한다. 영혼의 안식이란 것이 그것이다.

연꽃 만나고 가는 바람처럼 초가을 즐기기

➤ 초가을로 접어들면서 키가 한 치쯤 더 커진 듯싶고 10년쯤 젊어진 듯싶다.

아침 7시에 산책을 가다가 보니 연못의 자수련 꽃송이들이 벌어지지 않았다. 아니 저것들이 왜 아직도 저러고 있을까. 아, 그렇다. 간밤 날씨가 싸늘했고, 지금 반소매 옷 입은 팔뚝이 차가운 바람에 선뜩거리고 소름이 돋아 있다. 저것들이 초가을을 나보다 더 먼저 느끼고 있다.

자수련꽃은 한여름에는 정확하게 6시 반쯤부터 벌어지기 시작하여 오후 3시쯤부터는 꽃잎들을 오므리고 잠을 잔다. 그것들은 생제시계 한 내씩을 내장하고 있는 듯 시산을 제대로 맞추어 피고 오므라져 잠을 잔다. 그런데 그 시계는 해의 움직임보다는 온도에 더 민감하다. 날씨가 싸늘해지면 꽃잎 벌어지는 시각이 8시쯤으로 늦어지고 오므라져 잠자는 시각도 4시쯤으로 늦어진다.

풀벌레들의 울음도 온도와 밀접한 관계가 있다.

간밤에 불을 끄고 자리에 누운 채 풀벌레 소리를 감상했다. 나는 아름답고 고운 목소리로 노래하는 풀벌레들 이름 중에 기껏 매미, 귀뚜라미, 여치, 베짱이, 쓰르라미 정도밖에는 모른다. 한데 소리의 무늬나 결이나 색깔들을 따지고 가리면서 들어보니 무려 열 몇 그룹은 되는 듯싶었다.

시리링시리링 우는 놈, 키올롱키올롱 우는 놈, 하이용하이용 우는 놈, 두우얏두우얏 하고 작은 새처럼 우는 놈, 키리리키리리 우는 놈, 끼리리리 하고 우는 놈……

한동안 그들의 연주하는 소리를 듣다보니, 내 이명이 그들의 소리를 더욱 아름답고 곱게 만들고 있다. 그들의 음악은 내 이명과 더불어 태극(太極)으로 가고 있었다. 태극은 우주의 시원과 맞닿아 있는 그윽한 시공으로 흘러가고 있을 터이다.

별이 빛나는 것이 아니고 사실은 내 눈빛이 그 별을 빛나게 한 것이다. 그렇다면 내 감각이 삽상한 초가을을 만들고 그것을 즐기고 있는 것이다.

인생은 자기가 자기 이름을 의미 있게 만들어서 그 이름에 주어진 값이나 무게만큼 우주를 누르고 삶을 즐기며 살아가기이다.

원효 스님의 어린 시절 이름이 서당(誓幢), 혹은 시단(始旦)이라고 전한다. 그것은 새벽이다. 그 스님은 어른이 되어 스스로의 이름을 원효(元曉)라고 지었다. 첫새벽, 혹은 곡두새벽이다. 스스로 세상의 새벽을 여는 사람이 되고 싶었던 것이다.

한 제자가 이메일로 보내온 홍련꽃 사진들을 보면서 생각했다. 원효에게 요석공주는 무엇이었을까. 세상에 연꽃보다 더 색정적인 꽃이 있을까. 세상에 연꽃보다 더 성스러운 꽃이 있을까. 한쪽으로 치우쳐 읽는 것은 죄다.

누구에게나 그런 연꽃 같은 사람은 있었을 터이다. 사진 옆에 미당의 시 〈연꽃 만나고 가는 바람 같이〉가 씌어 있다. 이별인 듯하지만 사실은 다음 생에서의 만남에 대한 슬픈 노래이다. 나도 그 꽃잎 표면을 다녀가는 바람이다. 원효도 요석공주를 다녀간 바람이었다. 이 세상을 다녀가는 것들 가운데 바람 아닌 것이 있으랴.

초가을은 낙엽을 준비한다. 이별을 준비하고 다음 세상에서의 더 뜨거운 만남을 준비한다. 단풍 든 잎사귀들은 떨어지고 이름만 남는다. 언젠가는 그 이름을 기억해주는 사람들마저 사라진다. 그 그림자와 이미지만 남아 구름처럼 흘러간다. 견고한 사각형에 갇혀 살 일이 아니고 오각형으로서 자유자재의 구멍을 뚫어놓고 살 일이다.

이웃집 복술이

⟶ 서재에서 작업을 하다가 연못으로 나
갔다.

불청객인 황소개구리와 나는 숨바꼭질을 한다. 두 놈이 와서
살고 있는데 그놈들은 연못 가장자리에 나와 해바라기를 하다가
내가 윗마당에서 계단을 밟아 내려가면 꺅 소리를 내고 연못 속
으로 잠수해버린다. 그놈이 잡아먹을 자잘한 금붕어는 한 마리도
없고 모두가 그놈들보다 체구가 두세 배쯤은 되는 비단잉어뿐이
므로 겁날 것은 없지만, 그놈의 으스스한 울음소리가 유쾌하질
않다. 어차피 뛰어들어온 놈들이므로 그 소리를 노래로 여기고
함께 살아가야 할 모양이다.

불유쾌한 것일지라도 아름다운 것으로 순화시키려 들면 다 유

쾌한 대상이 될 수 있다.

연못은 우주적인 자궁이다. 그 앞에서 어정거리면 시와 소설이 잉태된다.

연못 서북쪽에 집 한 채가 있다. 연못가를 어정거리면서 그 집의 개와 조우하고 쓴 시 한 편이 있다.

울타리로 놓은 질그릇 동이 하나 젖히고 넘나드는

옆집의 마당귀에서 쇠고랑 줄 목에 걸고 있는

털 부숭부숭하고 눈 흐릿하고 주둥이 납작하고 키 작달막한

순하디순한 그놈 복술이

영특한 데라고는 없는 바보스러운 것이 하 귀여워

나 부지런히 눈웃음을 지어 보이는데

이 자식은 나를 볼 때마다 짖는다.

꼬리 한 번 흔들어주려 하지 않고

제 집 주인한테 밥값해야 한다는 생각만 하고

이놈 똥개 아니라고 할까 봐.

6장_ 나무에 물오르는 소리 들으며 살기

내 몸과 달과 바닷물은 깊은 관계를 맺고 있다.
바닷물이 밀물 질 때 내 몸 속에도 밀물이 지고,
썰물이 질 때 내 몸에도 썰물이 진다. 그것은 달몸살이다.
달몸살의 증후가 나의 시가 되고 소설이 된다.

낡아가는 것과 늙어가는 것

➤ 장작불 활활 타는 난로 앞에서 차를 마시며 창밖을 내다본다. 모두가 침잠하며 안식하는 겨울이다.

겨울의 찬바람을 견디며 서 있는 나목의 검은 가지가 애처롭게 보이기도 하고 당당해 보이기도 한다. 돌을 던지면 쨍 소리가 날 것 같은 쪽빛 하늘을 쳐다본다. 북풍 몰아치는 고향 앞바다와 눈보라를 뚫고 길을 가던 어머니가 떠오른다.

거대한 시간 수레바퀴의 빠른 회전에 망연해진다.

"달력이 한 장 남았네요. 아이고 뭘 하고 한 해가 벌써 다 갔을까."

아침에 밥을 먹다가 탄식하자, 노모가 "니가 그렇게 말을 하면은 어쩔 것이냐?" 하고 말씀하신다.

노모는 소설가인 내가 얼마나 열심히 책을 읽고 글을 쓰는지 옆

에서 깊이 지켜보신 분이다. 그렇다. 나는 예순 살이 넘으면서부
터 거의 미친 듯이 내 일에 매달려 살고 있다. 세월이 너무 빠르고
무상하다.

바야흐로 장편소설 한 편을 쓰기 시작했다. 나는 한 편의 소설
을 써가는 동안, 그 소설을 다 끝내지 못하고 죽게 될 것만 같은
불안감과 절박함에 사로잡혀 있곤 한다. 병이 들거나 문득 발생
한 심장의 발작으로 말미암아 나는 죽게 되고, 그 소설은 미완으
로 남게 될 것 같은 불안과 공포.

나는 그 소설쓰기를 중간에 중단해놓은 채로 먼 여행을 떠나지
못한다. 중단하면 그 소설의 방향이 틀어질 것 같고, 여행 도중 무
슨 일로인가 돌아와서 그것을 완성시키지 못할 것 같은 불안한
생각이 들기 때문이다.

나는 일단 소설을 쓰기 시작하면 하루도 쉬지 않고 일정 분량의
소설을 써낸다. 나의 작업하는 시간은 새벽 5시에서 7시까지이
고, 아침밥 먹은 다음 10시부터 12시까지, 모두 네 시간 동안이다.
나머지 시간은 건강을 위해 휴식을 하거나 산책을 하고 명상을
하고 책을 읽고 자료를 뒤적거리고 TV의 〈동물의 왕국〉을 본다.

토굴 안이나 연못 주위를 뱅뱅 돌면서 시간을 보내고, 하루 세
끼의 밥을 먹기 위해 200미터 아래에 있는 살림집으로 가곤 하는
데, 밥숟가락을 놓자마자 "어머니 저 올라갑니다" 하고 현관문을

나서곤 한다.

이날 노모는 밥숟가락을 놓고 일어서는 나를 향해 타령조로 말씀하셨다.

"늙지 말어라. 쉬어감서 하고 병들지 말고 오래오래 살어라. 너 같은 사람은 어느 누구보다 더 건강하게 오래오래 살어야 쓴다."

이 말씀을 나 아닌 다른 사람에게 한 것을 들은 적이 있다. 지난봄 천관산 장천재 동백꽃을 보고 오다가 들렀다는 소설가 이청준 형이 인사를 올렸을 때 노모는 이형의 두 손을 한데 모아잡고 손등을 토닥거리며 타령조로 말했었다.

"청준이, 오래 살소. 건강하게 오래오래 살어. 자네 같은 사람은 어느 누구보다 더 오래 건강하게 살어야 쓰네이."

아무리 늙지 않으려고 해도 시간의 수레바퀴 앞에서 영원히 젊고 싱싱해 있을 수는 없다.

언제인가부터 나는 낡아가는 것과 늙어가는 것을 구분하기 시작했다. 낡아가는 것은 썩어 소멸되어가는 것이고, 늙어가는 것은 몸과 영혼 속에 금강석 같은 지혜의 사리를 쌓아가는 것이다. 그 사리는 세상을 밝히는 빛이어야 하고 구중중한 냄새로 가득 차 있는 세상을 향기롭게 하는 꽃이어야 한다.

나는 조급승에 사로잡혀 찻잔을 놓고 봄을 일으킨다. 나는 과연 그러한 빛과 꽃이 될 수 있는가.

낙화의 슬픈 마음으로

➤ 이 봄에는 모든 꽃망울들이 거의 동시에 미친 듯이 터졌다. 매화꽃, 진달래꽃, 개나리꽃, 민들레꽃, 살구꽃, 능금꽃…….

황홀한 꽃 산하 속에서 나는 들뜬 마음을 주체하지 못했다. 들뜨면 심성이 흔들린다. 흔들리면 파도 위에 뜬 배에서처럼 어지럼을 느끼게 되고 사물을 올바르게 보지 못하게 된다.

세월은 나를 더 오랫동안 들떠 있지 못하게 하려고 화사한 꽃의 장막을 거두어준다. 동시에 연두색 신록의 산하로 바꾸어준다. 꽃이 진다는 것은 성숙으로 간다는 것이고, 열매의 시절로 가게 한다는 것이다.

그럼에도 불구하고 꽃이 질 때 나비와 벌과 새와 나는 슬퍼한다.

이 세상의 모든 움직임과 모든 멈추어 있음은 번갈아 나타난다. 나에게 환희만 주고 슬픔을 주지 않았다면 나는 늘 들떠 있기만 하고 가라앉을 줄을 몰랐을 것이다.

슬픈 눈을 가지는 것은 행운이다. 슬픈 눈으로 볼 때 세상은 제 모습대로 보인다. 빛 저쪽에 어둠이 보이고, 환희와 열락의 삶 저쪽에 비애와 허무와 죽음이 보인다.

꽃 피어 있음만을 보는 환혹의 눈으로는 좋은 글을 쓸 수 없다. 마녀(魔女)들의 달거리처럼 땅에 질펀하게 떨어져 누워 있는 꽃잎들을 보는 슬픈 눈으로라야 좋은 글을 쓸 수 있다.

모든 글은 참되게 살다가 참되게 죽어가는 길 가르치기이다.

낙엽을 밟으면서

✦ 들판이 황금색으로 변해간다.

풋늙은이 선비네 집 가을은 황금색도 환희도 아니고, 우울이고 외로움이고 슬픔이다.

마당 잔디밭에 서 있는 늙은 감나무는 황달 든 잎사귀들을 살비늘처럼 흘려놓는다. 그것들은 쌓이고 또 쌓인다. 구두 발등이 묻힐 정도로.

낙엽은 점차 갈색으로 변하면서 구겨 외틀어진다. 그 낙엽들을 밟는다. 낙엽에게서 내 미래의 시간을 읽는다. 내 강은 흐르고 또 흘러 하구에 이르렀다. 곧 바다로 진입할 것이다.

한낮이다. 나를 알고 있는 사람들 가운데 그 어느 누구도 전화 한 통 걸어주지 않는 이날의 쪽색 가을 하늘은 투명한 햇살을 쏟아붓고 있다. 그 햇살에 가슴이 뚫리고 있다. 영혼이 뚫리고 있다. 이때 나는 울어버리고 싶어지고 어디론가 바람처럼 떠나가고 싶어진다.

낙엽 밟는 소리가 바스락거린다. 엄살이 아니고 죽음과 허무의 소리이다. 그 소리 들으면서 앙상해진 가지들을 쳐다보고 평상에 걸터앉는다.

늙은 감나무는 병을 앓고 있다. 동쪽 가지 하나는 말라 죽어 썩어간다. 껍질에 갈색 버섯 군락이 서식하고 있다. 머지않아 그 가지가 부스러질 것이다. 나로서는 속수무책이다.

성한 다른 가지에 달린 볼 붉어진 감들은 일찍이 어치 수십 마리의 공격을 받아 요절이 났다. 따지 않고 자잘한 꽃등불처럼 밝혀두려고 했던 나의 생각은 무엄한 그들로 인해서 빗나갔다. 낙엽 위에는 어치들이 쪼아먹은 주황색 감 껍질들이 흩어져 있다.

귀족 호두나무는 두 길쯤 자랐는데도 올해 열매를 보여주지 않았다. 이제 겨울준비 하느라고 잎사귀들을 황갈색으로 바꾸고 있다.

봄과 여름에 씩씩하게 꽃들을 피워주던 연못의 수련 잎사귀들도 겨울준비를 하고 있다. 요즘은 꽃들이 하루에 겨우 대여섯 송이만 벌어진다.

철쭉나무들은 여름을 건너오는 동안 잎사귀 거뭇거뭇해지는

병을 앓았다. 수화제를 사다가 이틀에 걸쳐 분무해주었지만 시들
시들하다. 3년생 차나무들은 지난 여름의 별로 길지 않은 가뭄과
땡볕을 견디지 못하고 몇십 그루 말라죽었다.

퇴락과 절망 속에서 희망을 생각한다. 희망은 절망을 먹고 산
다. 아무리 희망을 노래 불러도, 희망의 결과는 없다. 그러므로
노인은 더 확실한 희망을 노래하며 살아야 한다. 노인은 우울과
절망을 노래하고 살면 한두 해 사이에 폭삭 늙어버린다.

반드시 노인문제를 소재로 써달라는 단서가 붙은 청탁 원고를
써서 이메일로 보내고 현관문 밖으로 나간다.

손자와 더불어 연 띄우는 이야기, 손자에게 수영 가르치는 이야
기, 태권도 가르치는 이야기를 썼다. 가을의 꽃 이야기에는 지난
봄철의 꽃씨 이야기가 따라야 한다. 꽃씨가 꽃이 되고 꽃이 꽃씨
가 되지 않는가.

요즘 손자들 보는 재미와 즐거움에 달떠 있다. 부드러운 조막
손, 입에 함뿍 넣고 싶은 그 손과 발을 만지고 주물러본다. 그놈들
이 눈 거슴츠레하게 뜨고 웃으며 새끼새처럼 입을 벌리는 모습은
환희 그 자체이다. 나 저렇게 씨 남기고 낙엽이 되어간다. 나는
죽어 사라지지 않고 저놈의 몸과 마음 속에서 영생하게 된다.

아들딸에게, 나 죽은 다음 장기 쓸 만한 것이 있으면 필요로 하
는 사람들에게 넘겨주고 나머지는 화장해 뿌려달라고 당부했다.

유골을 납골당 속에 가두는 것은 멍청하고 미련한 짓이라고 가르쳤다. 반드시 강이나 바다나 산이나 들에 뿌리라고 했다.

바닷물은 증발하여 구름이 되고 구름은 비가 되어 산하에 뿌려진다. 나는 지표수나 지하수가 될 것이다. 나의 일부는 그 물을 마신 푸나무와 동물과 사람들의 몸이 되기도 하고, 또 다른 일부는 다시 강물을 따라 바다로 흘러갔다가 증발하여 우주 속을 떠돌 것이다. 그와 같이 영원을 살 것이다.

간접적으로 증명받기

　✈　심심함을 핑계대고, 기이한 푸나무를 분에 담아 키우는 것, 애완용으로 귀여운 짐승을 키우며 사는 것처럼 어리석은 일은 없다.

자연을 구속시켜놓고, 구속당하고 있는 그 생명을 자비롭게 사랑하고 귀여워한다는 미명으로 먹여 기른다는 것, 그러면서 그 생명한테 얽매여 산다는 것은 자유자재의 삶을 사는 사람으로서 할 일이 아닌 것이다. 내 몸과 마음 하나도 제대로 감당하지 못하고, 그것들을 훨훨 놓여나게 하지도 못하는 주제에 무엇을 가두어 기르고 감당하려 한다는 것인가.

나는 아주 오래 전부터, 화분을 선물 받으면 땅에 심어버린다. 분에 담은 난초는 애초에 선물 받지 않고 거절한다. 집안에 두었다가 죽인 경험이 있으므로.

많은 친지들이 외딴 토굴에서 적적하고 무섭지 않느냐고, 진돗개를 한 마리 줄 터이니 키우라고 권하지만 나는 사양한다. 모든 것으로부터 놓여나고 싶은 까닭이다.

길상사 버리고 떠난 법정 스님에 대하여 나는 잘 모르는데, 한 후배에게서 그 스님에 대한 이야기를 이렇게 들었다.

"그 스님은 화분 하나도 키우지 않아요."

그 이야기를 듣는 순간, 아 그렇다, 하고 속으로 소리쳤다. 그 스님의 삶 자체가 선(禪)이고 선이 그 스님의 삶이지 않은가.

속으로 빙긋 웃었다. 향기로운 그 스님으로부터 내가 아주 잘 살아가고 있다고 내 삶을 간접 증명 받았다는 생각으로.

봄비 몸살 달 몸살

어디인가가 몹시 아파서 잠에서 깨었다. 한밤중이다. 방 안에는 어둠이 가득 차 있다. 대나무와 기와지붕과 마당에 떨어지는 빗방울 소리와 처마에서 떨어지는 물방울 소리들이 창문과 바람벽을 울린다.

나는 봄비 소리의 파장 속에 갇혀 있다. 아니 그 소리 속에 떠 있다. 떠서 어디론가 흘러가고 있다. 내가 예전의 나로 느껴지지 않는다. 나는 공기 한 방울이거나 물 한 방울로 느껴진다. 그럼에도 불구하고 바윗덩이처럼 무거워져 있다.

어디인가가 아프기는 한데 아픈 곳을 짚어낼 수가 없다. 가슴이 답답하고 몸이 밑으로 가라앉는다. 가라앉는 속도가 현기증 나게 빠르다.

나는 어디에서 흘러와 지금 이 자리에 누워 있는가. 봄비 소리는 내 의식을 깨우고 있다. 겨울철의 나목처럼 죽어 있던 내 몸에 물이 오르고 숨이 터나고 있다. 가쁜 숨을 내쉰다. 산소 부족한 어항 속의 금붕어처럼. 나는 비 몸살을 앓고 있다.

어린 시절부터 비 몸살을 앓곤 했다.

비가 오려 하면 기압이 낮아지고 구름장들이 몰려들고 습기가 많아진다. 이때 나는 가슴이 납덩이 조끼를 껴입은 듯 답답해지고 무기력해지고 졸음이 오고 싫증이 나고 짜증이 난다. 어디에서나 쓰러져 잠을 자야 한다. 잠을 자고 나면 몸이 바닥에 붙어 떨어지지 않고 구역질이 난다. 병인 줄 알았는데 그것은 비 몸살이었다.

내가 알기로 비 몸살을 가장 민감하게 앓는 것은 개이다. 비가 오려고 기압이 낮아지고 내구름이 끼고 음산해지고 끄느름해지면 개들은 밥을 먹지 않고, 먹은 것을 토하기도 한다. 그늘에서 몸을 외틀고 늘어지게 잠을 잔다.

지네도 비에 민감하기는 마찬가지이다. 비가 오려 하면 그놈들은 건조한 곳을 찾아간다. 그곳에 이르러서 한사코 위쪽으로 기어 올라간다. 그놈들은 적당한 습기를 좋아하기는 하지만 물 자체는 싫어한다. 지난해 태풍이 오기 하루 전날 밤 내 토굴에는 지네가 무려 열다섯 마리나 출몰했었다. 그것들은 바람벽으로 천장으로 기어올라갔었다. 나는 밤새도록 그놈들을 집게로 집어서 유리병 속에 넣었었다. 그러느라고 내 비 몸살을 잊었었다.

가슴속이 허해져서 창밖을 내다보면 바다에 썰물이 져 있을 때가 있다. 우연의 일치일 수도 있을 터이지만 나는 그게 필연인 듯싶어 진저리를 치곤 한다.

잠을 자다가 가슴이 술렁거려 일어나 보면 실내가 어슴푸레하게 밝아 있고 창문이 훤해져 있을 때가 있다. 밖에 달이 떠 있는 것이다.

내 몸과 달은 깊은 관계를 맺고 있다. 바닷물하고도 그러하다. 바닷물이 밀물 질 때 내 몸 속에도 밀물이 지고, 썰물이 질 때 내 몸에도 썰물이 지고 있는 것일 터이다.

어떠한 심리적인 변화가 일어나 그러저러한 행위를 하고 난 다음 짚어보면 그때가 바다에 밀물이 질 무렵이었다든지 썰물이 져 있었다든지 한다. 가령 누군가가 떠나가고 그 떠나간 자리를 아무 것으로도 채우지 못하고 고독해 하지 않을 수 없을 때 그것이 썰물 지는 시기와 겹치면 그 고독감과 우울함을 더욱 주체하지 못하게 되고, 즐거운 일이 있을 때에 맞추어 바다에 밀물이 지면 가슴 벅차 들썽거리게 된다.

20대 초반 고향마을에서 농사짓고 김양식하고 살 때 만월이 하늘 한가운데에 떠 있으면 고요히 잠들 수 없었다. 그리하여 바닷가를 무작정 헤매어 다녔었다. 그것은 달 몸살이었다.

내 몸은 필요 이상으로 민감한 듯싶다. 까닭 없이 앓고 난 이튿날 황사현상이 일어난다거나 안개가 짙게 낀다거나 불바람이 일어난다거나 한다.

한밤중에 내리고 있는 봄비 속에서 온몸으로 앓고 있는 이것은 봄 몸살이다. 아니 꽃 몸살이다.

우주 운행질서에 어긋난 짓을 하는 사람들의 데면데면한 얼굴을 보고난 밤에도 나는 몸살을 앓는다. 뉴욕 쌍둥이 건물이 무너진 날 밤에도, 대구 지하철 참사가 일어난 밤에도 나는 악몽을 꾸고 잠을 설쳤다.

몸살의 증후가 시가 되고 소설이 된다.

꺼지지 않는 등불 이야기

━➤ 드높은 곳에 계시는 그 님은 어느 길을 따라 어떤 모습으로 어디로 오실까.

무진등(無盡燈)을 생각하고, 현관 처마 끝에 등불을 달면서, 탑에 휘감아놓은 별떨기 같은 새끼 전구들을 점화시키면서, 연못 가장자리를 밟고 돌아다니며 먹이를 찾느라 수련 잎과 줄기 사이를 순항하는 비단잉어들을 보면서, 정원에 핀 철쭉꽃과 조팝나무 꽃들을 보면서 님 맞이할 준비를 했다.

천 개의 강 그 어느 구석에도 비치지 않는 곳이 없고 한 번도 꺼진 적이 없는 그윽하게 향기를 뿜는 그분의 눈빛과 말씀.

내 님은 이미 이 땅을 꽃 천지로 만들면서 오서 계신다. 진달래꽃, 벚꽃, 개나리꽃, 매화꽃, 살구꽃, 철쭉꽃들은 시차를 두지 않고 거의 한 무렵에 폭죽처럼 합창하듯이 향기를 터뜨렸다. 나는 봄 내내 꽃송이들 앞에서 넋을 놓고 있곤 했다. 꽃들은 대관절 어쩌자고 저렇게 한꺼번에 터지고 있는 것일까.

나는 요즘 어떤 사물을 볼 때에 세모꼴로 쪼개놓은 수박 조각을 떠올린다. 빨간 핵심이 드러나도록 잘라낸 수박 조각은 많은 것을 보여준다. 겉에 드러나는 푸른 껍질의 이면에는 새빨간 알맹이가 들어 있기 마련이라는 평범 저 너머의 웅숭깊은 뜻.

연못 물 속에서 수련의 꽃망울이 무화과나무 열매처럼 올라온다. 세어보니 스물아홉 망울이다. 오전 10시쯤이면 반드시 연못가에 서서 피는 꽃송이들의 수를 헤아리곤 한다. 적게 핀 날은 열다섯 송이쯤, 많이 핀 날은 마흔 송이 혹은 예순 송이쯤. 그것들이 그렇게 많이 터짐으로써 연못이 숫제 수련꽃 천지가 되어버린 듯싶은 날은 하루 내내 가슴이 우둔거린다. 그 감동을 주체 못하고 서울의 아들딸이나 친지들에게 그 사실을 전화로 말한다.

어떠한 꽃을 보든지 나는 신통해 한다. 시꺼먼 땅 속 어디에 저러한 흰꽃, 빨간꽃, 노란꽃, 보라꽃들의 요소가 들어 있었을까.

연못 속의 수련 꽃망울들을 보며 새삼스럽게 미련스러운 의문에 빠져든다. 저것들은 어디서 오고 있을까. 줄기에서 오고 뿌리에서 오고 신흙에서 오고, 그것이 맞닿은 지맥에서 오고 지구의 핵심에서 오고 우주 한가운데서 왔으리라.

우주의 한가운데에 뿌리 뻗고 있는 수련꽃망울들은 내 님 오시는 날을 전후하여 꽃을 축포처럼 터뜨릴 것이다. 피어나 나의 그 날을 축복해줄 저 꽃송이들. 그 꽃송이들하고 함께 산다는 것은 축복이다.

초의 스님 일대기를 소설로 형상화시키면서 줄곧 마음속에 두고 있었던 것은 무진등과 그 불빛의 향기로움과 거대한 꽃송이였다. 그 사람의 빛과 꽃과 열매와 향기는 삶의 결과물이다.

자기 가두기와 풀어놓기

사람은 모두 자기를 가두고 산다. 가두어 놓고 자기를 기른다. 참을성 있게 자기를 잘 기르면 스스로의 몸과 마음이 꽃이 된다. 속에 보석 같은 앙금이 가라앉게 되고 그것은 빛과 향기를 발하게 된다.

우리는 타의에 의해 갇혀 살기도 하고 자의에 의해 갇혀 살기도 하고 자의반 타의반으로 갇혀 살기도 한다. 가령 아이들이 학교 다니면서 공부하는 것은 타의반 자의반으로 갇혀 살면서 자기를 기르는 것이다. 성인이 된 다음에는 스스로 자기를 가두어 기른다. 모든 존재하는 것들이 다 자기를 가두고 기른다. 도를 닦는 스님들이나 성실하고 착한 학자나 예술가들은 자기를 잘 가두고 사는 대표적인 표본들이다.

석가모니는 도를 이루기 위해 어떻게 스스로를 가두고 길렀는가.

나는 얼마 전부터 자기를 잘 가두고 산 사람들에 대하여 관심을 가져왔다. 강진과 흑산도에서 유배살이를 한 정약용 선생이나 정약전 선생은 타의에 의해서 갇혀 산 대표적인 사람이었다. 그들이 강진과 흑산도에서 유배살이를 하지 않았다면 오늘의 정약용과 정약전이 될 수 있었을까.

자기를 묶어놓고 살기만 하는 사람은 스스로를 감옥살이시키는 것이다. 가두어놓고 잘 길렀으면 풀어놓아야 한다.

자기를 가두어놓은 채 자기를 보석처럼 견고하게 만드는 것이 꽃이고 빛이라면 다른 사람들에게 그것을 나누어주는 것은 열매이고 향기이다.

발전하려면 삶에 충실해야 하고 더욱 발전하려면 충실한 삶으로부터 과감하게 벗어날 줄을 알아야 한다. 강진에서 유배살이를 한 다산 정약용은 자의반 타의반으로 갇혀 살았으므로 수많은 저술을 남겼고, 그 결과가 오늘의 정다산을 있게 한 것이다.

자기를 가두어 기르되 냄새나게 기르지 않고 향기롭게 길러야 한다. 몸과 영혼이 향기로워지려면 자기를 향기로운 공간에 가두어야 하고, 자기를 향기로운 쪽에다 풀어놓아야 한다.

한 후배가 물었다.

"과연 어떻게 해야 자기 가두기와 자기 풀어놓기를 잘하는 것입니까?"

내가 그에게 다음과 같이 '꿈 처방'을 해주었다.

"꿈속에서 계단을 실수 없이 정확하게 계속 밟아 내려가거나 올라가고 있는 자는 꿈에서 깨어나지 못하고 그리하여 밤새도록 그 꿈만 꿀 뿐, 다시 깊은 잠을 새로이 자지 못하는데, 일부러라도 잘못 헛디뎌 천길 아래로 추락하는 자는 벌떡 깨어나 스스로의 미련스러움을 탄식하고 나서 새로이 깊은 잠을 잘 수 있다."

정각암의 수련꽃

　　　　　　　　❧　부처님 오신날 토굴 맞은편 정각암으로
연등을 달러 간다. 그 작은 암자는 아늑하고 정겹다.

　그 암자의 마당에 서서 바다를 내려다보면 마음이 편해진다.
정각암에는 혼자 고즈넉하게 사는 영원한 문학청년인 젊은 스님
이 있다. 항상 웃는 그 스님의 눈빛이 나를 편안하게 한다. 연못
의 수면에서 활짝 웃으며 부처님오신 날을 찬미하고 있는 자수련
꽃 백수련꽃과 눈을 맞춘다. 그들에게서 또 다른 부처님의 얼굴
과 눈빛과 마음을 친견한다.

　언젠가 그 암자를 위하여 시 한 편을 헌정해달라고 그 젊은 스
님이 청했다. 조그마한 돌 하나를 연못 둑에 놓고 거기에 내 시를
새겨놓았으면 좋겠다고, 그것을 한 신도가 원했다고.

스님은 어둠 보듬은 채 살아가는 반농반어의 시골 사람들에게 한 줄기 광명을 안겨줄 수 있는 그윽한 시를 나에게 원하고 있었다.

부처님의 도량에 부처님의 말씀 아닌 속인인 나의 시를 새겨놓다니, 부처님의 법 따라 살고 있는 사람으로서, 그것은 건방지고 무엄한 일 아닐까. 그림자 남기지 않고 살다가 가는 것이 최상의 삶인 것을.

어느 별만 총총한 밤에 정각암의 스님을 위해서 시 한 편을 썼다.

황금가루 머금은 햇살이 쏟아지는 초여름

어느 한낮에 정각암으로 부처님

배알하러 왔다가 참으로

희한한 일 보았습니다.

법당에 계셔야 할 부처님

보이지 않고 그 앞에서 염불하고 계셔야 할

스님도 보이지 않았습니다.

아이고, 이를 어쩌나,

눈 크게 뜨고 다시 보니, 아하,

부처님께서는 연못의 백수련꽃 속에서

스님께서는 자수련꽃 속에서

빙그레

웃고 계셨습니다.

아제아제

바라아제 바라승아제 모지 사바하.

-〈정각암 수련꽃〉 전문

절망 뒤에 오는 더 치열한 기운, 봄

　　　➤　대숲 흔들어대는 바람소리가 우수수 우르릉 요란스럽다. 그 소리를 들으면서 욕조에서 반신욕을 한다. 뜨거운 물에 몸 담그는 20분간은 명상하는 시간이다. 영혼의 살비늘들이 떨어져나가는 것을 본다. 그것들이 떨어져나간 자리에 새 움이 돋는다.

　풋늙은이에게 시장기가 드는 것은 기쁨이다. 그것은 새로이 맛있는 음식을 먹을 수 있다는 희망이다. 그 희망은 아직도 쓰고 싶은 글을 더 쓸 수 있다는 자신감이다. 내 사유와 명상으로써 세상을 내 뜻대로 아름답게 색칠해갈 수 있다는 것.

　금년의 봄으로 가는 실목은 유날리 가파르다. 지난 겨울은 너무 추웠다. 경제도 춥고 세상 인심도 추웠다.

장편소설 끝내고 나니 홀가분하지 않고 오히려 우울해지고 슬퍼진다. 바람 빠진 튜브처럼 욕망과 허영이 벽을 만나면 암담한 절망과 상실감을 만들고, 절망과 상실감이 장마철 같은 우울증을 만들고, 우울증이 동토 같은 슬픔을 만들고, 슬픔이 삶과 죽음의 두 길을 앞에 놓고 선택하라고 재촉한다. 절망과 우울로 인한 죽음을 뛰어넘는 자는 삶의 더 곡진한 생성의 국면으로 나아가게 되지만, 그것을 뛰어넘지 못하고 무릎을 꿇을 때 소멸 쪽으로 추락하게 된다.

머리칼 속에서 쏟아지는 비듬, 살갗에서 벗겨지는 비늘은 옛 세포들이 죽은 것이다. 항문을 통해 배설되는 변에는 위장, 소장, 대장의 껍질 세포 죽은 것들이 묻어 나온다. 그것들이 죽지 않으면 새 세포가 생길 수 없고 생명체는 싱싱해질 수 없다. 존재하는 모든 것들은 치열한 삶을 살아가고 있는 한 늘 죽는다.

나도 순간순간마다 죽는다. 절망할 때마다 죽는다. 한 번씩 죽고 났을 때 나는 더 강해진다.

오리털 파카를 뒤집어쓰고 현관문을 열친다. 새 삶을 찾아나서듯이 기운차게 나선다. 봄이 어김없이 오고 있다는 것을 확인하기 위해 매화나무에게로 간다. 녹두알만 하던 꽃망울들이 콩알만 해졌다. 내일쯤엔 벌어질까.

연못 속에서는 금붕어와 비단잉어들이 썩어문드러진 수련 줄기와 잎사귀들 사이를 천천히 유영한다. 섭씨 10도 이하의 온도에서는 먹지 않고 진흙 속에서 참선하다가 가끔씩 포행만 하던 그들이 이제 먹이를 찾기 시작한 것이다.

혹한으로 중단했던 바닷가까지의 걷기 운동을 시작하려 하는데, 살갗에 닿는 바람이 닭살 같은 소름을 일어나게 한다.

봄을 확인하려고 춘란의 잎사귀들을 살핀다. 그 잎사귀들은 바야흐로 검푸르러지면서 연분홍 잠옷 입은 숫처녀 같은 꽃대를 밀어올릴 준비를 하고 있다. 춘란의 향기가 떠오른다. 여신의 깊은 계곡에서 번져나오는 음험한 향기.

철쭉과 산수유와 살구나무의 꽃망울들은 하루가 다르게 커지고 있다. 나무 밑에서 자생한 나발나물들이 보라색 꽃을 준비하고 있다. 봄이 오기는 분명히 올 모양이다.

서릿발을 디딘 채 체조를 한다. 근육과 관절에 스며 있는 겨울독이 빠져나가는 소리가 들린다. 심호흡을 거듭하고 경중경중 뜀박질을 하면서 아침밥을 먹으러 간다. 단풍나무에 물 오른 소리가 들린다. 고로쇠 물을 마시고 싶다. 겨드랑이와 살갗이 근질거린다. 싹이 나려는 것이다. 봄의 향기가 피어나고 있는 것이다. 내 속에서 새 우주가 태어나고 있는 것이다.

미식가와 아귀 지옥

➤ 늙은 감나무 그늘에 놓은 평상에 앉아 묽은 안개 덮인 바다를 내려다본다. 뒷산 쪽에서 아카시아꽃 향내가 날아온다. 산과 들이 온통 신록 세상이다. 찔레꽃들도 지천이다.

한 남자가 토굴 마당으로 들어서더니 허리 굽혀 인사를 한다.

내가 누군지 모르겠다고 하자, "작년에 이리로 벌통 싣고 왔던……" 하고 말한다. 꿀벌 기르는 남자다. 올해도 벌통들을 싣고 토굴 아래 빈 집으로 온 모양이다.

"아, 몰라보아서 미안합니다. 금년에는 비가 자주 찔끔거려서 벌들이 힘들어 하겠어요."

그는 낙천적이다.

"그놈들이 나 묵고 살 것은 따다가 주었지라우."

이런저런 이야기 끝에 그가 끔찍한 사실을 털어놓았다.

"벌들 가운데 어느 한 놈이 말입니다. 어디에 꿀이 많이 있는 것을 보고 오면 날갯짓으로 그 의사표현을 합니다이. 그러면 다른 벌들이 그놈을 따라가요. 그들은 그곳으로 가서 양껏 꿀을 사냥해가지고 집으로 돌아옵니다. 만일 초겨울, 꽃들이 없는 때에, 그놈이 발견한 곳이 하필 한봉의 벌통 속의 꿀일 경우에 그들은 한봉들을 모두 물어죽이고 꿀을 훔쳐와버려요."

"아하!"

나는 그 야만의 세상에 대하여 탄성을 질렀다. 벌 키우는 이는 아는 것이 많았다.

"중국에 미식가 그룹이 있는데, 그들은 한 달에 한 번씩 이런저런 맛깔스러운 음식들이 많이 나오는 음식점에서 회합을 가진답니다. 그것은 물론 회원들 각자가 수집한 정보와 현장 검증을 토대로 하여 그 음식점을 점찍는답니다. 그들은 차례로 나오는 음식들을 하나하나 맛보고, 그것에 대한 평을 하며 즐기는데, 만일에 배가 불러버리면 음식 맛을 제대로 알지 못하니께, 미리 배 불러올 기미가 보이면 재빨리 화장실에 가서 모두 토해버리고 들어와서 새로이 먹기 시작한답니다이. 그렇게 밤새도록 음식을 즐긴답니다이."

나는 하늘을 쳐다보며 소처럼 웃었다.

벌 키우는 이가 "그런께 지옥에는 이런 묘한 곳이 있다네요" 하고 말했다.

"아귀 지옥이라우. 거기에는 굶주림으로 형벌을 가하는 곳인데, 거기에는 아귀(餓鬼)들이 집합되어 있답니다이. 아귀는 배가 코끼리의 덩치만큼 불룩한데 입은 겨우 개미의 입만 하고 목구멍은 바늘귀만큼 가늘기 때문에 그것들은 음식을 앞에 놓고 쉴새없이 퍼먹지만 배를 채우지 못합니다이. 또 그것들이 먹어야 할 음식은 꼭꼭 씹어먹지 않으면 안 될 딱딱한 것뿐입니다이. 그런께 허기를 고통스러워하면서 계속 허겁지겁 씹어먹는답니다. 눈에는 핏발이 벌겋게 서가지고, 세상 모든 것이 음식으로만 보인께……. 그래서 사람들이 정신없이 퍼먹는 것을 보고 '아귀아귀 먹는다'고 하는 것이랑만이라우."

그의 말에 다시 소처럼 웃었지만 내 온몸에는 소름이 돋고 있었다. 기껏 배불리 먹은 것을 토하고 와서 새로이 먹기 시작하는 미식가들이 죽은 다음 그 아귀 지옥엘 가는 것 아닐까. 아, 나도 그 미식가들처럼 분수에 넘치는 나 혼자만의 호사를 누리고 살아오지 않았는가.

내 삶의 모래성

아침이 되자 비구름이 사라지고, 푸른 하늘이 드러나더니 매미가 운다. 참깨 밭에는 흰 꽃들이 수런거린다. 그 꽃들 속에서 벌들이 꿀을 빤다. 우웅우웅 비행기 가는 소리가 난다.

여느 아침이나 마찬가지로 바다를 향해 뻗어간 벼논둑을 걸어간다. 바야흐로 벼이삭이 패고 있다.

바다에는 별로 드높지 않은 파도들과 갈매기 떼들이 한가롭다. 물놀이하러 온 사람들이 울긋불긋한 천막을 친 자리에는 통보리사초와 갯메꽃 줄기들만 무성하다.

한밤에 주꾸미잡이를 하기 위해 수천 개의 소라껍질을 매단 줄을 싣고 나갔던 어부들의 배가 들어오고 있다. 닻을 던진다. 닻에

두들겨 맞은 물방울들이 순은빛 햇살을 되받아 튕기며 날아간다. 고기잡이 부부는 아침 해의 광망을 등지고 물로 내려서서 모래밭으로 걸어 나오고 있다. 부인은 머리에 함지박을 이고 있다.

전날 저녁 무렵에 수산연구소장이 전화를 걸어왔다. 적조 피해 현장엘 가보지 않겠느냐고. 황토 뿌리는 것을 직접 보면 좋은 생각이 떠오를지도 모른다고.

적조는 양식장의 고기들과 조개들의 아가미를 막아 질식하여 죽게 만드는 불그죽죽한 색깔의 미생물이다. 아내에게 적조 이야기를 하자 "우리 바지락도 다 죽겠네" 하고 말했다. 지난해 봄 아내는 7만 원어치의 치패를 사다가 큰 사람의 엉덩짝만 한 자기 소유의 밭에 뿌렸던 것이다. 남의 염병이 내 고뿔보다 못한 법이다.

모래밭으로 들어서자마자 몸의 균형을 잃는다. 비틀거리며 걷는다. 모래 속으로 구두 발바닥이 깊이 묻히곤 하는 까닭이다. 몸이 옆으로 기울어지곤 하는 것을 즐긴다. 비틀거리는 몸의 균형을 바로잡으며 걷는 일은 항상 나로 하여금 살아 있음의 환희를 느끼게 한다. 아무도 밟지 않아 편편한 모래밭을 걸어가다가 내 발자국을 돌아보는 것도 즐거움이다.

간밤 밀물이 밀어다가 놓은 조개껍질들을 밟아 뭉개지 않고 피해간다. 하루 전날 밤의 밀물이 밀어다가 놓은 조개껍질들이 2미터쯤 위쪽에 널려 있다. 그 위에 이틀 전날 밤과 사흘 전날 밤의 물 자국이 놓여 있다. 그 물 자국들 사이사이에 물떼새들의 자잘한 발자국들이 상형문자처럼 새겨져 있다. 해류와 바람의 시간과 우주의 시원으로부터 달려온 모래알들의 시간과 물떼새들의 시간이 삼중으로 교직되어 있다. 그 위에 나의 시간이 한 겹 더 교직된다. 3년 전 여름의 어느 날 나는 누군가가 '삶은 산처럼 무겁고 사랑은 새털처럼 가볍다'라고 써놓은 낙서를 읽은 적이 있다. 이후로 나는 아침 산책을 할 때마다 간밤에 누군가가 또 무슨 낙서를 하고 가지 않았을까 하고 살피곤 한다.

집으로 돌아가기 위해 바다를 등져야 하는 모래밭 끝부분에 이르러 희한한 모래성을 발견했다. 지름 3미터쯤의 타원형의 성벽. 소라껍질로 성가퀴들을 표현해놓았다. 남쪽에 성문이 있고, 성 한가운데에는 왕궁이 있고, 양쪽에 별궁이 둘 있다. 그것들의 지붕은 바지락껍질로 덮었다. 별궁 앞에는 탑도 만들어놓았다. 층층이 납작한 돌을 올려 만든 탑 꼭대기에 반질반질하게 닦은 고둥껍질을 올려놓았다.

성은 만조가 되면 흔적도 없이 지워져버릴 장소에 건설되어 있었다. 그 성 앞에 서서 그것을 만들었을 사람들의 모습을 머리에 그렸다. 농로를 따라 집으로 돌아가며 생각했다. 나는 태어난 이래 어떤 모습의 모래성을 쌓고 있는 것일까.

비상하는 것들의 추락 이야기

✈ 30년 동안이나 배를 탄 친구를 만났다. 그 친구의 얼굴에는 굵은 주름살들이 많았다. 나는 그 친구의 편지를 받곤 했다. 시모노세키에서 날아온 것도 받고, 하와이에서 날아온 것도 받고, 나폴리에서 날아온 것도 받았다. 그 친구 편지는 육지에 앉아 있는 나의 가슴을 울렁거리게 하곤 했다. 그 편지는 낯선 땅과 바다의 냄새를 가득 싣고 있었다. 표박하는 한 남자의 장쾌한 낭만과 구만리 장천을 나는 새의 여유만만한 시심(詩心)을 담고 있었다.

나도 그 친구같이 그렇게 세상을 떠돌 수 있으면 얼마나 좋을까. 나는 그 친구의 삶이 부러워 견딜 수가 없었다. 갇혀 사는 삶이 답답하고 팍팍하고 짜증이 나면 늘 그 친구를 떠올리곤 했다.

시원스럽게 물살을 가르면서 대양을 항해하고 있는 그 친구.

어느 날 그 친구의 부부와 우리 부부, 그리고 가까운 동창 친구 한 사람이 만났다.

"야, 그래도 이 사람아, 마도로스라면 사람들이 다 부러워하고 동경하고 그렇잖아?"

동창 친구가 무슨 말 끝엔가 이렇게 말을 했다. 배 타는 친구는 껄껄 웃었다. 그런데 그것은 쓸쓸한 웃음이었다. 그 웃음소리를 들으면서 그의 아내는 고개를 떨어뜨렸다.

배 타는 친구가 날치에 대해 말했다.

"바다에는 날치라는 고기가 있네. 그것을 비어(飛魚)라고도 하잖아? 배를 타고 가면 비어 떼가 새들같이 날아가는 것을 가끔 볼 수가 있지. 그것들은 제법 500미터쯤은 날아가다가 다시 물로 들어가네."

배 타는 친구가 담배 한 개비를 꺼내 물고 잠시 뜸을 들였다. 내가 보기에, 그는 무슨 이야기인가를 하고 싶은데, 지금 이 사람들 앞에서 그 이야기를 해야 할까 말아야 할까 하고 망설이고 있는 듯싶었다.

나는 안타까웠다. 이윽고 그는 담배연기를 깊이 들이켜고 나서 말을 이었다.

"생각을 해보소. 물 속에 있는 고기들은 그 날치를 부러워할지

도 모르지. 야, 나도 한번 저 날치란 놈같이 날아보았으면 얼마나
좋을까, 하고 말일세. 그런데 그 날치란 놈의 처지에서 한번 생각
을 해보세. 그놈은 왜 그렇게 물을 박차고 허공을 날았는 줄 아는
가? 그놈은 다른 물고기들에게 으스대기 위해 그렇게 날아오른
것이 아니네. 그놈들은 물을 떠나서는 절대로 살 수 없는 놈이야.
아가미로 숨을 쉬는 보통 물고기란 말일세. 그런데 그렇게 허공
을 난 거지. 다른 큰 물고기한테 잡혀 먹히지 않으려고 물을 박차
고 허공으로 난 거란 말일세.”

그가 말을 끊었다. 그의 아내의 눈에 물기가 어렸다. 고개를 숙
이고 손수건으로 눈물을 찍어냈다. 나는 가슴에 아픈 금이 그어
지는 것을 느꼈다. 그 아픈 금이 뜨거운 멍울을 뭉치게 했다.

배 타는 그 친구는 고등학교를 졸업하고 나서 한동안 방황했
다. 논밭이 많지 않은 가난한 농사꾼의 아들이었다. 대학 진학을
하지도 못했다. 아내와 젖먹이 자식들을 두고 원양 어선을 탔다.
그것이 배와 관계를 맺게 된 첫걸음이었다. 말하자면 육지에서는
발을 붙이고 살아갈 터전이 없기 때문에 바다로 뛰어들어 몸을
배에 싣지 않을 수가 없었다.

그의 전력을 잘 아는 나는 담배만 빨아대는 그의 모습이 안타까
웠다. 나는 나도 모르는 사이에 이렇게 말을 하기 시작했다.

“그래, 이 사람아, 날아다니는 새들이 기막히게 좋아 보이지.

그런데 그 새들의 처지에서 한번 생각을 해보소. 새들은 어느 한 순간이라도 두 날개를 부지런히 움직이지 않으면 땅바닥으로 추락하고 만단 말이네. 그런데 우리는 새들을 부러워하지. 야, 나도 저 새들같이 한번 날아보았으면 얼마나 좋을까 하고 말이야. 그런데 새들은 한순간이라도 날개를 퍼덕거리지 않으면 추락하게 된다는 강박관념을 가지고 있고, 그래서 순간순간마다 절망을 할지도 모르지. 추락과 비상이 교차되는 순간순간을 뚫고 그 새들은 살아가는 것이니까 말이야."

배 타는 친구가 담배꽁초를 재떨이에 비벼 껐다. 내가 말을 이었다.

"다 마찬가지야. 인기 배우라는 사람들은 어떤가? 그 사람들은 한순간이라도 어느 감독인가가 출연 교섭을 해오지 않으면 불안해서 미치게 되는 거야. 할리우드에서 최고로 인기를 누렸던 배우들치고 나중에 알코올 중독자가 되어 죽지 않은 사람이 없어. 권력이나 금력을 최고로 누리는 사람들은 또 어떤가? 그 사람들도 그 새나 마찬가지란 말일세. 그들은 늘 날개를 쳐서 날지 않으면 안 되는 불행한 사람들이야."

배 타는 친구가 말했다.

"육지에서 편히 소설을 쓰고 사는 자네야말로 가장 행복한 사람이네."

내가 고개를 저으며 말했다.

"무슨 소리를 하고 있는가? 나도 사실은 날마다 추락할까 겁을 내고 계속해서 날개를 젓고 있네."

한평생 내내 날치처럼 하늘로 날아오르곤 했던 그 친구는 한 해 전의 어느 늦가을날 어딘지 알 수 없는 멀고 먼 곳으로 날아가버렸다.

바닷물은 연인의 발자국을 지워버리네요

✈ 초가을 한낮의 따가운 뙤약볕, 그것은 곡식을 익히려는 늙어버린 볕[老炎]이다. 아침저녁으로 차가운 바람이 살랑거린다. 작물의 열매가 잘 익으려면 뜨거운 볕과 차가운 바람이 번갈아 작용해야 한다.

밤이면 풀벌레들이 목청을 한껏 돋워 노래한다. 가지색 밤하늘에는 붉은 별, 푸른 별, 노란 별들이 눈을 초롱초롱 밝히고들 있다. 그 별들과 밤새도록 사랑을 나눈 아침이슬은 영롱하다. 유리보석 같은 그 이슬들에는 우주 한 개씩이 담겨 있다. 대추의 볼이 붉어지고 있다.

들판이 황금색으로 변하고 있나. 아낙들은 마당에 새빨간 고추들을 널어놓고, 밭에 나가 참깨를 베고 있다. 암자주색 산그늘이 마을을 덮는 해질녘이면 참깨 다발을 비닐자락 위에 놓고 떤다.
고소한 사투리의 수다와 호들갑들이 쏟아진다.

감나무의 황달 든 낙엽이 한두 개씩 떨어진다. 단감은 볼 붉어
질 채비를 하고 있다.

아, 가을이다. 세월이 벌써 이렇게 흘렀는가. 높아가는 하늘을
보며 풋늙은이는 조급증이 일어난다. 현기증 나게 빠른 세월이
다. 내 세월의 속도는 시속 67킬로미터라고 딸이 그랬다.

상송 〈고엽(枯葉)〉을 들으며, 소슬한 바람에 들쥐들처럼 달려
가는 낙엽을 떠올린다.

……낙엽들이 나뒹굴고 있네요.

아시죠? 제가 당신을 잊지 않고 있다는 걸

낙엽들이 나뒹굴고 있네요.

추억과 회한(悔恨)들 역시도……

삶은 조금씩 소리도 없이

사랑하는 사람들을 따로 흘러가게 했고

그리고 바닷물은 모래 위에 새겨진 연인들의 발자국을 지워버리

네요……

세월이 어찌할 수 없이 치르는 가을의 숭엄한 의식 앞에서 〈고엽〉은, 속으로 슬프지만 겉으로는 그렇지 않은 체하는 너스레나 푸념이다.

가을은 수확의 계절이지만, 떨어져 돌아가는 계절, 가진 것 모두 버리고 떠나는 계절, 슬픈 이별의 계절.

젊은 시절, 9월 막바지의 별만 총총한 밤에는 휘파람으로 이별노래를 부르곤 했다. 박목월 시인의 '한낮이 기울면 밤이 오듯이 우리의 사랑도 저물었네. 아 너도 가고 나도 가야지', 김현승 시인의 '가을이면 기도하게 하소서'를 나는 즐겨 노래하고 암송한다.

가을은 우리에게 참 자유를 공부하라고 말미와 힌트를 준다. 마음을 비우고, 텅 빔[空]으로 돌아가라는 것이다.

넘기기로 한 원고들을 서둘러 넘기고 나도 어디론가 떠나야 한다. 사실은, 확실하게 떠나가지도 못할 것이면서, 떠나가자, 버리고 떠나가자, 하고 떠들어대는 것은 호들갑일 뿐이다.

텅 빔(공)으로 가는 길(여정)에는 떠나는 곳과 도착하는 곳이 따로 있지 않다. 떠난다는 생각, 어딘가에 도착한다는 것 자체가 집착으로 인한 착각이다. 집착은 불집[火宅]이다. 불집이 나를 벽 속에 깊이 가두고 값없이 소멸되게 한다.

앉아 있는 곳에서 무시로 떠나고 무시로 그 자리에 돌아와 머문다. 사실은 떠나는 곳이 이미 도달해 있는 곳이고 도달해 있는 곳이 떠난 그 자리이다. 진정으로 마음을 비우면 떠남이 머무름이고 머무름이 떠남이다. 이별은 만남을 위한 전희(前戲)이고 만남은 이별을 위한 잔치이다.

쓰르라미가 운다. 건너편 영감님 집의 빈터에서 암탉 여남은 마리를 거느린 수탉이 홰를 치고 목청껏 소리쳐 노래를 한다. 여복을 주체하지 못하는 그놈은 살아 있는 한 수시로 노래하고 수시로 암탉의 꽁지를 물고 교미를 한다.

평상에 누운 채 감나무 잎사귀들 사이로 하늘을 쳐다본다. 흰 구름 몇 장이 지나간다. 그 너머의 짙푸르고 깊은 텅 빔 속으로 빨려 들어간다.

할아버지 등에 업히어 산골 다랑이 논으로 가던 유년 시절이 거기 도사리고 있다. 할머니의 시신이 방죽 물 속에 가라앉아 있다. 내가 세상에 나온 이래 처음 대한 그 주검은 방죽 물에서 익사한 할머니의 잠들어 있는 반듯한 얼굴과 몸뚱이였다.

할아버지는 나로 인해서 당신의 아내가 멀리 떠나갔다고, 술에 얼근해지기만 하면 어린 나를 품에 안은 채 탓하곤 했다. 나를 업고 가느라고 시간을 지체한 까닭으로 당신의 아내를 살려내지 못했다는 것이었다. 할아버지에게서 풍겨오는 구릿한 술 냄새는 슬픔이고 한이다.

창고에 들어 있는 기억들 가운데는 기쁜 것들보다 슬픈 것들이 훨씬 많다.

스무 살 전후, 열정을 병처럼 앓았던 시절이 음화처럼 각인되어 있다. 내 가슴에 아릿한 정만 새겨놓고 떠나간 많은 얼굴들. 수없이 많은 영욕들이 켜켜이 쌓여 있다.

내 그리움과 슬픔과 고독과 회한은 늘 그 짙푸르고 깊은 하늘의 텅 비어 있음 속으로 흘러 들어가고 거기에서 들끓고 곰삭은 다음 다시 기어나와 나의 가슴으로 잿빛이 되어 되돌아온다.

내 눈을 통해 나간 것이 내 눈을 통해 들어온다. 내 눈은 늘 내 앞에 펼쳐진 풍경들을 내 속으로 끌고 들어와서 회갈색으로 색칠하여 병풍처럼 펼쳐놓곤 한다.

잎사귀가 단풍 들어 떨어진 자리를 보면 다음 해에 터나올 움이 있다. 낙엽이 그림자라면 다음 해에 터나올 움은 실체이다.

한 초등학교 교장선생이 자살했을 때 나는 다음 이야기를 떠올렸다.

한 지혜로운 사람이 여름철에 강둑에 옷을 벗어놓고 강기슭의 물에 들어가 멱을 감았다. 그때 한 착한 탁발승이 지나가다가 강둑에 놓여 있는 옷을 보고 발을 멈추었다. 누군가가 지나가다가 이것을 훔쳐간다면, 옷의 임자는 큰 낭패를 당할 것이다. 내가 임자 돌아올 때까지 지켜주어야겠다.

오랜 시간이 지난 뒤, 멱을 다 감고 난 지혜로운 사람이 옷이 있는 곳으로 돌아왔다. 착한 탁발승이 그에게 물었다.

"당신이 이 옷의 임자입니까?"

지혜로운 사람이 그렇다고 하자 탁발승이 말했다.

"누군가가 이것을 훔쳐갈까 염려되어 제가 내내 지키고 있었습니다. 그런데 강물 속에서 대관절 무얼 하느라고 그렇게 오랜 시간을 보내셨습니까?"

그러자 지혜로운 사람이 탁발승에게 슬픈 목소리로 말했다.

"벗어놓은 옷을 지키고 있을 것이 아니라 돌아오지 않고 있는 사람을 걱정해야 하는 것 아닙니까?"

세상 사람들은 늘 옷을 지키려 할 뿐 그 옷의 주인을 깜박 잊어버리는 버릇이 있다. 사람을 생각지 않고 옷만을 지키려 하는 사람들이 수없이 많은 생명을 죽어가게 한다.

정치하는 사람도, 교육하는 사람도, 사업하는 사람도, 재판하는 판사나 검사들도, 의사나 간호사들도, 전교조 사람들도, 노동자들도, 거기 대응하는 사용자들도 옷을 지키려 할 뿐 사람을 생각지 않는다.

<고엽>을 들으면서 길을 생각한다. 내년에 터나올 움은 생각지 않고 떨어지는 낙엽만 슬퍼한다.

세상 사람들은 늘 길을 잃곤 한다. 장사를 하다가 길을 잃고, 논쟁을 하다가 길을 잃고, 술잔을 바꾸면서 길을 잃고, 글을 쓰다가 길을 잃고, 길을 가다가 길을 잃는다.

길을 잃으면 헤맨다. 헤매는 사람은 길 위에 서서 자기 서 있는 위치를 선지자에게 묻는다. 자기가 나아가야 할 길을 묻는다.

왜 길을 잃고 헤매는가. 그것은 옷 때문이다. 사람은 멱을 감으러 가고 없는데, 멱을 감다가 익사했는지도 모르는데, 옷의 소중함만 생각하고 지키고 있으므로 그는 길을 잃게 된 것이다.

잃어버린 나의 길을 찾기 위해 물을 길으러 간다. 차를 마시면서 나는 잃어버린 길을 찾곤 한다. 내 집 지하수보다는 산골짜기 샘에서 흘러내린 물맛이 더 좋다.

샘물 나오는 대롱 앞으로 가는데 옅은 밤색의 말벌 한 마리가 날아와서 머리 위에서 시위를 한다. 여차 하면 머리나 얼굴이나 목을 공격할 태세이다. 말벌은, 한 번 적으로 삼은 상대는 끝까지 추적하여 죽이고 마는 잔혹성을 가지고 있다. 혼자서 안 되면 자기 동료들을 이끌고 와서 적을 죽이는 독종이다.

그놈이 시위하는 까닭을 알지 못한 채 황급하게 몸을 낮추기도 하고 손으로 휘젓기도 하면서 달아났다. 10미터쯤 달아나자 그놈은 승리감에 취하여 돌아갔다.

내가 설치해놓은 샘물 대롱 근처 어디엔가 그놈이 집을 지은 모양이다. 그놈도 제 옷만 챙기려 할 뿐 사람을 생각지 않는 놈이다.

두려운 눈으로 그놈이 사라진 곳을 살피다가 물을 길어가지고 돌아오면서, 구겨진 이 풋늙은이의 체면을 한심스러워한다.

아무런 잘못도 없는 나를 공포 속으로 몰아넣은 그놈에게 자비로울 것인가, 잔혹해져야 할 것인가를 놓고 한동안 번뇌에 휩싸였다.

내일도 모래도 나는 샘물을 길으러 갈 터인데, 그놈은 그때마다 나를 공격하려 할 것 아닌가. 그놈에 대한 공포와 분노는 그놈에게 잔혹해져야 한다는 쪽으로 가닥을 잡게 했다. 그놈의 집을 찾아내야 한다. 활동을 멈춘 밤에 공격하면 된다.

길어온 샘물로 차를 끓여 마신다. 슬프게도 나는 향기로운 차를 그놈에 대한 복수심과 함께 마신다. 여느 때는 차를 마시면서 탐욕과 분노와 복수에 젖어드는 마음을 다잡고 세척하곤 하는데 지금은 부지런히 그놈에 대한 복수심을 합리화시키고 있다. '옷만 지키는 존재들에게 사람을 생각하라고 가르쳐야 한다.'

파리와 모기의 퇴치를 위해 준비해놓은 살충제를 이용한 복수를 꿈꾸는 소졸한 마음을 털어버리려고 차향 삼매에 빠지면서 나는 다시 〈고엽〉을 듣는다.

……낙엽들이 나뒹굴고 있네요.

추억과 회한들 역시도

삶은 조금씩 소리도 없이

사랑하는 사람들을 따로 흘러가게 했고

그리고 바닷물은 모래 위에 새겨진 연인들의 발자국을 지워버리

네요.

이 세상을 다녀가는 것 가운데
바람 아닌 것이 있으랴

1판 1쇄 발행 2005년 11월 10일
1판 2쇄 발행 2005년 12월 14일

지은이 | 한승원
편집인 | 김기중
발행인 | 박근섭
펴낸곳 | 민음사출판그룹 **(주) 황금나침반**

출판등록 | 2005. 6. 7. (제16-1336호)
주소 | 135-887 서울 강남구 신사동 506 강남출판문화센터 4층
전화 | 영업부 (02)515-2000 / 편집부 (02)514-2642 / 팩시밀리 (02)514-2643

값 9,800원

ⓒ 한승원, 2005. Printed in Seoul, Korea

ISBN 89-956944-5-9 03810